Anonymus

Historischgeographische Beschreibung des Erzstiftes Köln

Anonymus

Historischgeographische Beschreibung des Erzstiftes Köln

ISBN/EAN: 9783743347069

Hergestellt in Europa, USA, Kanada, Australien, Japan

Cover: Foto ©ninafisch / pixelio.de

Manufactured and distributed by brebook publishing software (www.brebook.com)

Anonymus

Historischgeographische Beschreibung des Erzstiftes Köln

Historisch-geographische
Beschreibung
des
Erzstiftes Köln

Eine nöthige Beilage zu des Herrn C. R.
Büschings Erdbeschreibung.

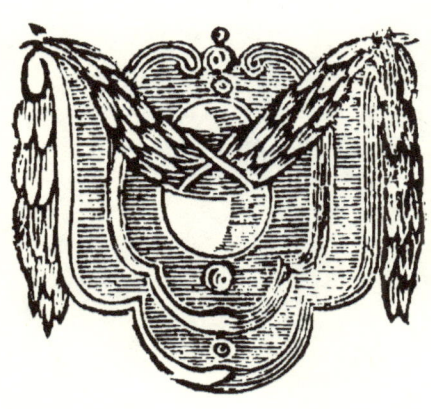

Zweite verbesserte Auflage.

Frankfurt und Leipzig,
1783.

Vorbericht.

Wie klein und unansehnlich das Werklein ist, welches ich hiemit dem Publikum übergebe: so bin ich doch versichert, daß es nüzlich und willkommen sein werde. Es existirte bisher noch gar keine geographische Beschreibung des Erzstiftes Köln.

Denn des Martin Henriquez von Strevesdorf Descriptio historico-poetica wird wohl keinen Anspruch an jenen Namen machen; und was der Jesuit Harzheim am Ende der Bibliotheca Coloniensis aus seines Ordensbruders Hermann Crombachs noch ungedruckten Annalibus ecclesiasticis & ciuilibus hat abdrucken lassen, ist nicht viel mehr, als was man von jenem Erzstifte in andern Erdbeschreibungen findet, und also fast so gut als gar nichts. Dem Herrn Oberkonsistorialrath Büsching waren diese beiden Stükke nicht einmal be=

bekannt: wie ich dann mehrere Beispiele habe, womit ich den Beweis führen könnte, daß dieselbe, so wie fast alle andere, das Erzstift Köln betreffende Werke kaum über die Gränzen desselben gekommen sein müssen. Ob die Ursache hievon in der „Gleichgültigkeit„ der auswärtigen Gelehrten für die Geschichte und Statistik jenes Erzstiftes liege; und, falls dem also ist, „woher eigentlich eine solche Gleichgültigkeit kommen könne?„ errathe ich nicht.

Gar sehr viel nun habe ich auch in den angeführten und ähnlichen gedruckten

ten Werken nicht gefunden, das für mich brauchbar gewesen wäre. Mehr haben mir die Materialien *) ausgeholfen, welche im Palmischen Verlage zu Erlangen periodisch herausgegeben werden. Die ergiebigste Quelle aber wären mir ungedruckte Urkunden und mündliche Nachrichten; auch selbst angestellte Beobachtungen.

Hat dabei das Werklein die Vollkommenheit nicht erhalten, deren es fähig

---

*). Materialien zur geist. und weltlichen Statistik des niederrheinischen und westphälischen Kreises und angränzender Länder ꝛc.

Vorbericht.

fähig ist: so hoffe ich um so eher Nach=
sicht, da ich doch der erste bin, welcher
nur so viel geleistet hat. Finde ich in
der Folge mehr Unterstüzzung bei meiner
Arbeit, und allenfalls Zugang zu den
Quellen, ohne deren Gebrauch schlech=
terdings jeder Versuch, etwas vollstän=
digeres zu liefern, fruchtlos bleiben muß;
so soll man gewiß Nachträge und Ver=
besserungen nicht vergebens erwarten:
und ich ergreife diese Gelegenheit, dieje=
nige unter meinen Landsleuten, welche
irgend nur die geringsten Unrichtigkeiten
oder Mängel in dem Werklein entdecken
wer=

werden, um ihre gütige Belehrung zu ersuchen.

Uebrigens wird es zum Theile von der Aufnahme, welche dieser mein Versuch erhalten wird, abhangen, ob ich einen ähnlichen mit dem übrigen oder westphälischen Theile des Erzstiftes wagen werde oder nicht.

Historisch-geographische Beschreibung des Erzstiftes Köln.

Es ist keine einzige genaue Charte des Erzstifts Köln vorhanden. Hr. C. R. Büsching nennet folgende: Eine von 1583. welche Corn. Adger gezeichnet und Hogenberg gestochen; Eine andere und bessere (in zwei Blättern) von Joh. Gigas, welche Blaeuw und Jansson gestochen; Endlich die neuere von Sanson, Valk, Visscher, Homann, Seutter, Pierre Mortier, Reinier und Josua Ottens.

Dieses

Dieses Erzstift theilet sich in das **rheinische** und **westphälische**; jenes wieder in das **Ober-** und **Niederstift**; endlich dieses leztere in das rheinische und das lippische oder das **Vest Recklinhausen**.

Das rheinische Oberstift enthält a) diesseits oder längst dem linken Ufer des Rheines, die Aemter: **Andernach, Aldenar, Bonn, Bruel, Godesberg** und **Mehlem, Hordt, Lechenich, Zülpich, Rheinbach, Nurburg**; b) jenseits Rheines die Aemter: **Aldenwied** und **Linz-Neuerburg**, endlich noch das Amt **Zeltingen** und **Rachtig** auf der Mosel. Das rheinische **Niederstift** begreift die übrigen Aemter: **Köln** und **Deuz, Hülchrath, Linn** und **Uerdingen, Kempen, Liedberg, Rheinberg**, (wozu ehedem noch das Amt **Kaiserswerth** kam.)

Dieses rheinische Erzstift hat zu Gränzen: gegen Morgen meistens den Rhein und das Herzogthum Berg; gegen Mittag einen Theil des Erzstiftes Trier; gegen Abend dies nemliche Erzstift, die Eifel, das Herzogthum Jülich, und das Gelderland; endlich gegen Mitternacht die Grafschaft Moeurs und einen Theil der Herzogthümer Berg und Cleve.

Diese angränzende Länder laufen hin und wieder dergestalt in das Innere des Erzstiftes hinein, daß sie ganze Theile davon trennen, oder, wie das Meer

eine

eine Insel, umzingeln. So ist das Amt **Rhein-berg** durch die Grafschaft **Moeurs** vollends von dem übrigen Erzstifte abgeschnitten; und so liegt das Amt **Zülpich**, wie ein Eiland, im Herzogthum **Jülich**. **Aldenwied** und **Linz** stellen eine Halbinsel vor; **Nurburg** und **Aldenar** hangen nur, wie mittelst einer Meerenge, an dem Mutterlande; das Amt **Zeltingen** und **Rachtig** aber so wie die Stadt **Rhens**, sind gar entfernet.

Bei diesem Mangel des Zusammenhanges, läßt sich nicht leicht eine Messung anstellen. So wie sich das Land zwischen dem linken Ufer des Rheines und dem Herzogthum **Jülich** hinunter zieht; mag die Strecke an 20 deutsche Meilen betragen. Hie und da ist die Breite sehr unbeträchtlich; anderwärts stärker. Vielleicht würden 3 Meilen, als die Mittelzahl für die Breite des ganzen **rheinischen Erzstifts**, angenommen werden können, wenn man dagegen die landeinlaufenden Strecken und abgeschnittenen Theile eingehen lassen wollte. Sonach erhielt man 60 Quadratmeilen für das Areal dieses ganzen Erzstiftes.

Im Jahre 1669 wurden zum leztenmale die Ländereien darinn deskribirt; und, wiewohl nun a) aus der nur angegebenen Morgenzahl der Ländereien sich jenes Areal nicht bestimmen läßt, wofern man nicht auch genau den Raum kennet, welchen Städte, Dörfer, Gärten, Parken, Waldungen, Heiden, Landstrassen, Flüsse u. dgl. einnehmen;

nehmen; und b) von jener Zeit an gewiß viel Land, was damals noch öde lag, urbar gemacht worden ist: so seze ich dennoch das Resultat jener Deskription aus dem darüber errichteten Catastrum hieher.

Nach demselben beliefen sich die **Ländereien**

Der kurfürstlichen Tafelgüter zu 5030¼ Morgen
Eines hochwürdigen Domkapitels
zu - - - - - 7570½ ———
Des Cleri in- & extranei zu = 90758
Graf= und adlicher Höfen Län-
derei - - - - 59875¼ ———
Graf= und adlicher Sizen Län-
derei - - - 32516 ———
{ von welchen per totum
ohne die 4ta in den Höfen
frei waren = 21664¼
Städt= und burgerliche Ländereien - - - - = 21122 ———
Hausmanns= und Bauern=Län-
dereien - - - 131119 ———
Summa 347992¼ Morgen

Diese Ländereien sind von verschiedener Güte und Ertrage, doch überall gesegnet. Die wenigst frucht-baren sind in der Nachbarschaft der rauhen und ge-birgigten Eifel, wo dagegen die Undankbarkeit des Ackers durch ergiebige Blei= und Eisengruben ersezt wird. So theilet der gütige Schöpfer seine Gaben
weis=

weislich aus, und bewirkt dadurch Geselligkeit unter Menschen und Verbindung unter Länder.

Das Oberstift hat auf seinen Bergen und Hügeln einen vortreflichen Weinwachs, der für das Land eine überaus reiche Quelle der Nahrung und der Handlung abgiebt. Denn wohin wird der vortrefliche und haltbare Bleichart nicht verführet? Im Niederstifte wächst gar kein Wein: dagegen sind dessen Ebenen reicher an Getreide; auch wird daselbst der Flachsbau ziemlich fleißig getrieben.

An Waldungen ist nirgend im Lande Ueberfluß, woher das Holz von Jahr zu Jahr theurer wird. Der Mangel des leztern trift aber vorzüglich das Niederstift, weshalben dahin eine jährliche starke Zufuhr von Steinkohlen aus den Gegenden der Ruhr gehet. Dieselbe werden in grossen Nathen den Rhein hinauf gebracht: höher als bis Bonn sind sie doch bisher nicht gekommen; wiewohl auch oberhalb dieser Stadt das Holz schon seltener wird. Torf wird auch gegraben, und besonders auf dem Lande gebrannt. Die andern Produkte des Landes, welche besonders in den Handel gehen, z. B. die Tuf= Grau= und Basaltsteine bei Andernach, Königswinter und Unkel, so wie die Kupferwerke bei Breitbach, die Sauerbrunnen bei Tönisstein und Roistdorf erwähnen wir unten bei den Orten.

Ausser dem ehrwürdigen Rheine, welcher gesagtermassen das Erzstift in einer Strecke von beinahe

nahe 20 Meilen theils durch= theils vorbeyflieſſet, wird daſſelbe noch von den Flüſſen Nette, Aar, Erp und Nerß gewäſſert. Die erſtern drei entſpringen aus den Gebürgen der Eifel, und fallen alle, der erſte bei Andernach, der zweite bei Linz und der dritte bei Neuß, in den Rhein. Die Nerß entſpringt im Jülicher land, durchläuft nur eine Ecke des Erzſtifts und fällt mehr unten in die Maaß. Sie haben alle vortrefliche Fiſche.

Betrachtet man dieſe vortrefliche Lage des Landes an dem erſten teutſchen Fluſſe; dieſen dankbaren, und zur Hervorbringung der verſchiedenſten Produkten tauglichen, dieſen ſelbſt an den nöthigſten Mineralien reichen Boden: ſo ſollte man ſagen, daß Handel und Gewerbe darinn in dem blühendſten Zuſtande ſeyn müſſen. Allein theils gibt es der Augenſchein, theils aber erweiſen es die, auf Landtägen und ſonſt vorkommenden, Klagen der Städte, daß dem nicht ſo ſei. Nimmt man z. B. die näher ans Holländiſche gränzenden Städte Rheinberg und Urdingen aus, welche von den andern wird alsdann noch eine Vergleichung mit den nahmhaftern Städten des fabrikreichen Berger=Landes, Kaiſerswerth, Düſſeldorf, Elberfeld, Soblingen, Mülheim; welche mit Crevelt und Neuwied in den nachbarlichen Grafſchaften Moeurs und Wied ꝛc. aushalten? In den meiſten dieſer genannten Städte ſind gewiß zwei Drittel des Handels in den Händen der Proteſtanten. Ein Umſtand, bei deſſen Erwägung es niemanden fehlen kann, die

Quelle

Quelle des Handelsverfalls im Erzstifte Köln in der Intoleranz zu finden. Von der Stadt Köln werden wir mehr unten hören, daß deren Verfall unmittelbar auf die Auswanderung der Protestanten gefolget sei. Nun aber, wem sind die unglücklichen Zeiten des truchseßischen Krieges, und die Verfolgungen nicht bekannt, welche die Anhänger und Glaubensgenossen des protestantisch gewordenen Erzbischoffes von den eifernden Spaniern, Baiern und ihren eigenen Brüdern im Erzstifte haben dulden müssen? Man sezte etwas darinn, diese nüzliche Unterthanen zu vertilgen: Und noch in unsern Zeiten muß ein neugewählter Erzbischoff in dem dritten Artikel seiner Kapitulation dem Domkapitel schwören, was noch von Kezzern und Schismatikern aus jenen Zeiten im Erzstifte übrig sein könnte, gleich anfangs seiner Regierung, nach allen Kräften, auszurotten.*) Doch scheinet dies blos nur noch ein Ceremoniale zu sein, indem die Akatholischen, wo sie sich irgend noch im Lande finden, gewiß

---

*) — — Nec non, heißt es in jener Kapitulation, confestim & ante omnia in regiminis & administrationis nostræ inchoatione omnes hæreticos & Schismaticas, si qui ex infelici adhuc fermento supersunt, vna cum falsis & peruersis eorum doctrinis, nouationibus & sectis ad ecclesia & diœcesi nostra bona fide & pro uiribus exterminabimus & generaliter omnia alia in pristinum catholicum statum (prout ex iniuncti officii debito tenemur) restituemus & redintegrabimus.

wiß nicht über Druck oder Verfolgung von Seiten der Regierung klagen können.

Was die **Staatsverfassung** des Erzstiftes anlanget, so hat dieselbe viel Besonderes und Eigenes. Die Unterthanen werden durch vier Collegia von Landständen vorgestellet, und behaupten, ausser denen von Reichs- und Kreiswegen obliegenden Schuldigkeiten und gemeinen Nothfällen, zu keinen Landessteuern, Kollekten oder Kontributionen ohne freye Einwilligung verbunden zu sein, wie sie dann wirklich die Summen, welche sie auf den Landtägen bewilligen, nie anders als Subsidia charitativa nennen, und sich von dem Landesherrn darüber sehr verbindliche Reversalien ausstellen lassen. Auch führen sie aus diesem Grund seit undenklichen Jahren den Namen freier **Peterlein**.

Die vier Kollegia der Landständen bestehen aus A. dem **Domkapitel**, B. den **Grafen**, C. der **Ritterschaft**, D. den **Städten**.

Das **Domkapitel** nennet sich den Status primarius oder Vorderstand. Es hat dasselbe bekanntlich seinen Siz in der Stadt Köln, und enthält 50. Präbenden, wovon sowohl der Pabst als der Kaiser jeder eine besizen, und daher den Obersiz im Chor, wie auch ihre eigene Stalla und Kapläne oder Vikarien haben. Von den übrigen 48. sind die eine Hälfte Kapitular- und die andere Domicellar-Präbenden. Unter jenen sind sieben Prälaturen,

deren

deren Besizer die Domicellar-Präbenden turnatim begeben: und immer gelangt nur der älteste Domicellar zu der nächstfälligen Kapitular-Präbende. Unter den leztern sind acht sogenannte Priester-Präbenden; das heißt, solche, zu deren Erlangung die Aspiranten kein adeliches Blut, wohl aber einen, auf einer Katholischen Universität erlangten, Gradum in der Gottes- oder Rechtsgelahrheit brauchen. Zwei von diesen achten sind der Universität zu Köln, unter dem Namen primæ und secundæ gratiæ, vom Pabste ertheilet. Diese sogenannte 8. Priesterherren haben in allen Stükken gleiche Rechte und Befugnisse, wie die übrigen, sogenannten gräflichen Herren. Denn es ist eine Observanz, nicht aber ein Gesez bei dem hohen Domstifte zu Köln, daß, ausser jenen achten, nur Reichsgrafen oder Fürsten, keinesweges aber Personen vom niederen Adel aufgenommen werden. Das Kapitel wählet nur aus seinem Mittel den Erzbischoffen, und leget demselben eine Kapitulation vor, welche derselbe beschwöret. Zu den Landtägen werden zween gräfliche und so viel Priesterherren nebst dem Syndikus des Kapitels deputirt.

Das zweite Kollegium der Landständen oder den Grafenstand machen aus 1. wegen Odenkirchen der Kurfürst. 2. Wegen des Thurms bei Arweiler, der Herzog von Ahremberg und Troy. 3. Wegen Bedbur, Alster und Hackenbroich der Erbmarschall Graf von Salm. 4. Wegen Erp, Graf von Salm zu Bedburg. 5. Wegen Saffen-

Saffenburg Graf von der Mark. 6. Wegen Wevelinghofen, Graf von Bentheim-Tecklenburg. 7. Wegen Helfenstein der nemliche. 8. Wegen der Erbvogtei Köln, Graf von Bentheim-Bentheim. 9. Wegen Alpen, Graf von Bentheim-Steinfurt.

Der dritte oder Ritterstand bestehet aus den Besizern jener adelichen Gütern oder Sizen, welche zum Landtage qualificirt sind.

Zum leztern oder dem städtischen Kollegium gehören die sogenannten Municipal-Städte des Erzstiftes in folgender Ordnung: Andernach, Neuß, Bonn, Arweiler, Linz, Kempen, Rheinberg, Zülpich, Bruel, Lechenich, Unkel, Zons, Linn, Uerdingen, Rheinbach, Meckenheim und Rhense deren jede ihre Deputirten schicket. Die beiden erstern führen das Direktorium.

Die gewöhnlichen Landtäge werden jährlich zu Bonn in dem Kloster der Kapuciner gehalten, und der Kurfürst schicket einen Kommissarius dazu. Viermal im Jahre versammelt sich ausserdem ein Ausschuß der Stände zu Köln. Diese Versammlungen heissen Quartal-Konventionen. Auf der leztern werden die Landesrechnungen revidirt.

Diese Landstände nun schlossen erst im J. 1463. und nachher im J. 1550. mit dem Erzbischoffe
Adolph

Adolph eine Vereinigung, welche unter dem Namen der **Erblandesvereinigung des rheinischen Erzstifts Köln** oder Vnito rhenanæ patriæ bekannt ist, und, in so weit dieselbe **geistliche Dinge** betrift, ein ungezweifeltes **Staats-Grundgesez**; in so weit sie aber **weltliche Dinge** betrift, wenigstens eine legem pactitiam territorialem ausmachet. Alle nach Adolph gefolgte Erzbischöffe haben dieselbe bestätiget, und selbst Joseph Klemens, welcher doch in einem, den 22. Jul. 1696. gegen das Domkapitel ausgegebenen, Dekret davon saget: „Daß sie in einem Zeitpunkte, „wo nach dem bekannten Bauernkriege alles „drüber und drunter gegangen, seinem Vor„gänger Adolph aufgedrungen worden „sei,, auch in einem Schreiben an des Kaisers Maj. vom 19. März 1702. die Frage aufwirft: an pactum eiusmodi resolutorium potestatis Principis inter principem ecclesiasticum & subditos ualeat, quorum ille ne quidem uolens, propria authoritate, regimine cedere potest &c. . . . . In der That schränket diese Vereinigung die Macht des Landesherrn zu Gunsten der Stände, besonders aber des Domkapitels, auf eine ungewöhnliche Art ein. Die auffallendsten §§. derselben sind folgende: Es wird keinem Erzbischoffe gehuldiget, bevor er diese Vereinigung beschworen habe. Derselbe kann, ohne Wissen und Willen des Kapitels und gemeiner Landschaft, keinen Krieg anfangen, noch die Unterthanen und ihre Güter verschreiben; noch die Güter der Ritterschaft mit

Zoll

Zoll zu Wasser oder zu Lande belegen; noch Leist=
schuld machen. „Wannee (sind die Worte
„des 15. §.) ein Kapitel Nutz und Noith
„bedunkt sein, es sei in geistlichen oder weltlichen
„Sachen, Edelmanne, Ritterschaft und Stede bey
„sich zu beschreiben, dat sie dat doen mogen, son=
„der Indragt des Herren, und dat alsdann die=
„selve Landschaft dem Kapitel folgen sall, daruf
„Ritterschaft, Stede und gemeine Landschaft dem
„Herren schweren sollen, und anders nit." —
„§. 16. Item desgleichen of Sache were, dat
„Edelmanne, Ritterschaft oder Stede sementlichen
„oder insonderheit von deme Capitel umb redliche
„Ursache begerden, auch inmaßen vurß beiein zu
„kommen, dat sall ihn dat Capitel nit weigeren,
„und of dat also geweigeret würde, des doch nit
„sein en sall, so sall ein Erff=Marschalk des Ge=
„stichts van Collen die Macht haven, in gleicher
„Maßen zu doin, desselven der Marschalk nit wei=
„geren noch Verzug machen sall." — Weiter solle
der Erzbischoff immer zween Herren aus dem Kapi=
tel in seinem Rathe haben; Im Falle derselbe nun
aber wider diese Vereinigung handelte, und darinn,
ungeachtet der Gegenvorstellungen des Kapitels,
fortführe, so soll dieses Macht haben, die Stände
zu sich zu beschreiben, und leztere sollen alsdann
ihm, dem Kapitel, keinesweges aber dem Herrn
mehr Folge leisten: und das zwar bis daran der
Herr sich eines bessern besinnen werde.

Das

Das andere Staats-Grundgesez ist die Kapitulation, welche jedem neugewählten Erzbischoffe von dem Domkapitel vorgeleget wird, und welche dieser feierlich beschwören muß. Trift der Vorwurf, welchen **Joseph Klemens** der **Erblandsvereinigung** machte, dieselbe; so weiß ich nicht, welches er seiner Kapitulation hätte machen können: Denn, ausserdem daß in dieser jene bestättiget, und in ihren hauptsächlichen Artikeln wiederholet wird, geschieht hier noch ein weit mehreres zur Erweiterung der domkapitularischen Macht auf Unkosten der landesherrlichen. Wir wollen aus der leztern, welche uns bekannt worden ist, so viel hieher bringen, als zu unserer Absicht die Staatsverfassung des Erzstifts aufzudecken, gehöret.

Erst verspricht der Erzbischoff, Kezzereien und Kezzer in seinem Erzstifte möglichst auszurotten, und zu diesem Ende dem vom Pabste deputirten Inquisitor einen eignen beizufügen, und denselben, wie billig, zu salariren; sowohl Provincial- als Episkopal-Synoden statutenmäßig zu halten, und einzig darinn öffentliche geistliche und Kirchen-Sachen, überhaupt aber alle wichtige Sachen, woher der Kirche ein Schaden zufliessen könnte, anders nicht, als mit Wissen und Willen des Kapitels, abzuthun, aus diesem Grunde zween, von dem Kapitel zu deputirende, Personen in seinen Rath aufzunehmen, und die übrigen Räthe, bei ihrer Aufnahme versprechen zu lassen, daß sie keiner Rathsversammlung beiwohnen wollen, wo Sachen ohne Beisein und

Ein-

Einwilligung der Kapitular-Räthen beschlossen würden, zu welchem und noch anderm Ende alle Räthe, Amtleute, Einnehmer, Sekretarien, Registratoren und übrige kurfürstliche Bediente, ohne Unterschied dem Kapitel den Eid der Treue, und daß sie die **Erblandsvereinigung** beobachten wollen, schwören sollen; — keinen Landtag, ohne erst dem Kapitel die Ursache entdeckt, und dessen Bewilligung eingeholet zu haben, auszuschreiben; keinem Reichstage oder anderer Zusammenkunft, worauf etwas zum Nachtheil der Kirche oder des Kapitels vorgehen könnte, beizuwohnen, ohne vorab lezteres zu ersuchen, daß es ihm zwo Personen aus seinem Mittel, und nach seiner eigenen Wahl zugesellen möge; die Erblandsvereinigung in all ihren Klausulen zu beobachten; das Erzstift nicht zu vertauschen, zu veräussern oder loszuschlagen; so wie auch keinen Administrator, Gubernator, Successor, Accessorem substitutum, Coadiutorem oder eine dergleichen Person, ohne Wissen und Willen des Kapitels aufzunehmen, zu deputiren oder zu erhalten; im Falle der, mit kapitularischem Consens geschehener, Dimißion des Erzstifts aber, alles, was er, der Erzbischoff, bei Antritt der Regierung von Gütern bei der Kirche gefunden, oder während derselben erworben hat, ohne die geringste Ansprache oder Forderung, bei derselben zu lassen, oder derselben allenfalls zu restituiren; alle sowohl geistliche als weltliche Beamten, wie sie immer Namen haben, zu vermögen, daß sie sich dem Kapitel mittelst Eid und Handschrift verbinden, im Falle er, der Erzbischoff,

durch

durch den Tod, Gefangenschaft, oder dadurch, daß er ohne Einwilligung des Kapitels einen Koadjutor, Administrator u. dgl. angenommen hätte, oder sonst auf eine andere Art des Erzstiftes verlustig würde, auf der Stelle alle Städte, Schlösser, Herrlichkeiten ꝛc. dem gedachten Kapitel zu eröfnen; ihm allein von Stund an zu gehorchen und nur denjenigen anzunehmen, welchen dasselbe surrogiren würde; Kein Mitglied des Kapitels, aus welcher Ursache das auch sein könnte, in Verhaft zu nehmen, sondern wofern er, der Erzbischöff, gegen irgend eines zu klagen habe, dasselbe vor dem Kapitel zu belangen, und an dessen Ausspruche sich zu begnügen; keine, irgend einem Kapitular oder andern Geistlichen des Erzstiftes zuständigen, Güter mit Arrest oder Sequestre zu belegen, so lange der Eigenthümer vor Gericht zu stehen sich nicht weigern wird; sich um die Disciplin, Adelsprobe oder irgend ein anderes Geschäft des Kapitels, (so lange dieses von jener Disciplin nicht abweichet) zu bekümmern; keine Sache, die irgend einen Canonicus, Vicarius oder Beneficiatus des Kapitels angehet, abzutheilen, sondern dieselbe, auf deren Ersuchen, an das Kapitel zu remittiren, und diesem eine Frist zu bestimmen, binnen welcher dasselbe Recht sprechen solle; — — das General-Vikariat allemal einem Kapitularen anzuvertrauen; die Archidiakonen in der freien Ausübung ihrer Jurisdiktion zu belassen; keine Zehnden, Subsidien oder Exaktionen, selbst wenn Päbste, Kaiser oder Könige Indulten zu dem Ende ertheilten, ohne Einwilligung des Kapitels aus-

zuschreiben; falls es nun aber die Noth erheischte, und das Kapitel hätte eingewilliget, ein Subsidium charitatiuum vom Clero zu fodern; so soll das hergebrachtermassen von diesem, eigends zu solchem Ende in dem Kapitelhause zu versammelnden, Clero charitatiue erbeten, und derselbe nicht zur Mitzahlung eines, von den weltlichen Ständen beizuschaffenden, Subsidiums gezwungen werden; —— keine unbewegliche sogenannte Erbgüter, oder kostbare bewegliche Güter, Schlösser, Städte, Gründe oder Leute des Erzstifts ohne Willen des Kapitels zu veräussern oder in Pfand zu geben; keine Mann- noch andere Lehen ohne Bewilligung des Kapitels zu konferiren, sondern, wenn dieselbe durch Sterbfälle oder sonst, der Kirche wieder heimfallen, bei derselben zu lassen, mit denen, von Erzbischoff Theoderich weiland ertheilten Mannlehen aber nur diejenigen zu belehnen, welche darüber Siegel und Briefe vom Kapitel haben; den Aufwand des Hofes möglichst einzustellen; —— dem Kapitel jährlich die ganze Einnahme und Ausgabe des Erzstifts zu berechnen, und, wenn die Zöllner, Kellner und andere Beamten ihre Rechnungen ablegen, das Kapitel, nachdem ihm vorab Abschriften dieser Rechnungen zugeschickt worden, zu berufen, um leztere mit zu untersuchen und zu quittiren rc.

Ueber die Kirchliche Verfassung des Erzstifts Köln läßt sich nach dem, was die angeführte beiden Staatsgrundgesezze davon besagen, noch folgendes anmerken: Drei sogenannte General Vika-

Vikarien oder officiales principales theilen mit dem Erzbischoffe die geistliche Gerichtsbarkeit, und verwalten dieselbe in dessen Namen, jeder über die ihm angewiesene und bestimmte Gegenstände. Der erste sogenannte Vicarius generalis *in pontificalibus*, Suffraganeus oder **Weihbischoff** vertritt die Stelle des Erzbischoffes in Weihungen, Consekrationen, und andern blos **bischöfflichen** Handlungen. Der zweite, Vicarius generalis *in spiritualibus* oder plattweg **General-Vikarius** genannt, besorgt die geistlichen Sachen: in desselben Gerichtsbarkeit gehören die sogenannten Actus voluntariæ iurisdictionis; so wie die strittigen Dinge oder caussæ fori contentiosi in des dritten, oder eigentlich und priuatiue sogenannten **Officials** Gerichtsbarkeit einschlagen. Nach diesen kommen die Archidiaconi oder **Erzdiakonen**, welche ebenfalls einen Theil der geistlichen Gerichtsbarkeit versehen. Die Aufnahme derselben in das Erzstift fällt wahrscheinlicher Weise in den Ausgang des XII. Jahrhunderts. Man zählet ihrer sechs, zu Bonn, beim Domkapitel zu Köln, zu Xanten, zu Soest, zu Neuß, zu Dortmund. Jedes **Archidiakonat** ist in gewisse **Dekanate** oder **Christianitäten** eingetheilet, wovon jede ihren **Landdechant** oder Archipresbyter hat, deren verschiedene eine eigene, andere aber keine solche Gerichtsbarkeit haben. Da die Diöcesan-Rechte des Erzbischoffs von Köln sich in verschiedene benachbarte Länder, besonders die Herzogthümer Jülich und Berg erstrecken, so erhalten

B die

die darinn befindlichen Landdechante ihre Gerichtsbarkeit durch Verträge des Erzstiftes mit den Fürsten jener Länder.

Den Umfang dieser geistlichen Gerichtsbarkeit des Erzbischoffes von Köln in die Länder seiner Nachbaren beschreibt der Jesuit Herm. Crombach folgendermassen. Eigentlich fängt dieselbe zwar am Rheine unter Andernach bei Sinzig und der Mündung des Arflusses an: allein sie erstrecket sich zugleich bei dessen Ursprung durch die Eifer weit in das Trierische und dessen Amt Daun, samt andern Orten: denn Daun, Ulmen, Hillesheim, Manderfeld, Weinfeld, Mehren, Kelberg, nebst andern Dörfern und Städten stehen unter derselben. Auch die Städte und Dörfer der Eiflischen Grafen Killville, Kronenburg, Geroltstein, Schleiden, Blankenheim gehören hieher. Diesemnach gehet dieselbe von dem Ursprunge der Ar an südwärts einige Länder des Kurfürsten von Trier, des Herzogs von Arenberg, der Grafen von Salm, Mark, Schleiden, Blankenheim durch; schließt Amblav, Malmundar, Montjoy, Porz (Porcetum) und das Herzogthum Jülich (ausser Heinsberg, Sittard und Wasserberg, welche nach Lüttig gehören) ein; erreichet fast die Maaß, und erstrecket sich bis an den Rhein und Neumagen nordwärts, wo sie das diesseits gelegene Stück des Herzogthums Cleve und einige Pläzze von Geldern einschließt: alsdann geht sie über den Rhein, begreift das übrige Cleve jenseits desselben, so wie die ganze Grafschaft Mark, das
Für-

Fürstenthum Essen, das Vest Recklinghausen und das südliche Ufer der Lippe, die Gegend um Soest, die Herzogthümer Westphalen und Engern und das ganze Herzogthum Berg; läßt demnach die Grafschaften des Westerwaldes aus, und kömmt endlich bei Linz am Rheine wieder heraus, nachdem sie einen Umgang von fast 90 deutschen Meilen genommen.

Die Erbämter des Erzstifts sind I. das Erbhofmeisteramt, welches die Grafen von Belderbusch; II. das Erbmarschallamt, welches die Grafen von Salm; III. das Erbschenkenamt, welches die Herzoge von Aremberg; endlich IV. das Erbkämmereramt, welches die Grafen von Plettenberg versehen.

Die Landeskollegia bestehen: aus der hohen Staats-Conferenz, in welcher ein geheimer Conferenz-Minister und zween Conferenz-Räthe sizen; dem Geheimen Rathe; dem Hof- und Regierungs-Rathe; der Hofkammer; dem Kriegsrathe; dem Akademie-Rathe und endlich dem Medicinal-Rathe.

Das Militäre bestehet aus einem Regiment zu Fusse, wovon der gröste Theil zu Bonn in Besazzung liegt, einige Kompagnien aber im übrigen Erzstifte vertheilet sind; einer Husaren-Kompagnie; und einer Kompagnie Leibgarden von 50 Köpfen.

Das Personale der hohen und niedern Dienerschaft ist übrigens sehr ansehnlich, welches unter andern daraus erhellet, daß noch im Jahre 1761 bei der Land=Rent=Meisterei an Salarien 79357 Rthlr. Species 34 Albus 8 Heller ausgezahlt worden sind, und zwar ausschließlich des ganzen **Militäre** und des sogenannten **Stallamtes** oder der **Livrebedienten**. Hiezu kommen noch 1933 Rthlr. 26 Albus, welche für Ordinaria Salaria in die jährlichen Landesrechnungen gesezt werden, und nicht in jenem Landrentmeisterei=Statu begriffen sind.

Die Abgaben werden im Erzstifte von den Ländereien entrichtet, und ist des Endes der Simpelsfuß eingeführet. Auf den obbeschriebenen Landtägen wird die Anzahl der Simpeln jedesmal bestimmt, welche für das nächste Jahr auszuschreiben sind. Die Städte sind sämtlich wegen ihren Häusern zu 2911 kölnischer Gulden (jeden à 24 Albus) in quolibet Simplo angeschlagen. Diese Summe wird das Quantum intra muros genannt. Im J. 1760. wurde dieselbe für die nächsten 12 Jahre bis auf 800 Gulden heruntergesezt, und so viel haben die gedachten Städte, auch nach Verfluß jener Zeit, bis zum Jahre 1773. jedesmal nur beigetragen. Alsdann ward denselben von den übrigen Ständen ein Vergleich angeboten, kraft dessen pro præterito (wiewohl der Rückstand seit dem Ausgange jener 12 Jahre bis hieher an 2 Millionen Gulden betrug) nichts gefodert; pro futuro aber, und so lange, bis das Commercium sich wieder in die Städte ziehen,

hen, und dieselbe in einen blühendern Zustand versezzen würde, die Hälfte der Summe, wofür sie, Städte, ehemals in quolibet Simplo angesezt gewesen sind, und also 1455½ Gulden für das Quantum intra muros festgesezt werden sollte, welchen dann auch die meisten Städte auf der Stelle angenommen haben.

Was die Steuerfreiheit der adelichen Sizzen und Güter betrift; so wurde sich auf dem Landtage von 1603. dahin verglichen, „daß, im Fall einer „vom Adel zwei oder drei adeliche Sizze hätte, der„selben nur einer gefreiet sein, und welcher vom „Adel nur einen Siz, und daneben keine andere „adeliche Höfe und Güter hätte, selbiger von den „halben Einkommsten sothanen Sizes contribuiren, „wenn er aber auch sonsten andere Höfe und Güter „hätte, welche in jährlicher Pfachtung so viel oder „mehr als des halben Sizzes Einkommsten ausbrin„gen würden, damit den ganzen Siz freien; da„fern gleichwohl selbige Höfe und Güter das Ein„kommen des halben Sizzes nicht adäquirten, als„dann den adlichen Gütern aus dem ganzen Siz „in descriptione so viel, als die halbe Einkommsten „jährlich ausbringen möchten, zugelegt und collektirt „werden solle.„ Diese Einrichtung führte viele Unbequemlichkeiten mit sich, und gab Anlaß, den Simpelfuß im J. 1648. vollends auszustellen, und die Consumtions-Auflage an dessen Statt anzunehmen, womit aber nur bis ins J. 1651. fortgefahren wurde. Im J. 1669. wurde ein neues Cata-

strum eingerichtet und dabei beliebet, daß die graf-
und adeliche Sizze in drei Classes abgetheilet, und
davon die erste in perpetuum steuerfrei sein, die
andere in perpetuum zur Halbscheid angeschlagen,
und die dritte in perpetuum per totum collektiret,
und nachdem, in dem gemeinen Land-Descriptions-
Buche öffentlich angesezt- und erfindlichen An-
schlage jederzeit versteuert werden sollen. Diesemnach ergab sich, daß der Grafenstand fünf und die
Ritterschaft an fünf und sechszig adeliche Size,
und viele tausend dazu gehörige Morgen Landes,
Wiesen, Weingärten und dergleichen rentbare Plätze
per totum frei überkommen, und daneben in
dem kleinen erzstiftrheinischen Bezirke noch 124 nur
zur Halbscheid in Anschlag mitgebrachte adeliche Sizze
innen habe; gegen 65 per totum befreiete gräf-
und adeliche Sizze auch nur 25 pro æquiualenti
zum Schazzungsbuche per totum eingebracht. Ueberhaupt soll die Ritterschaft über fünf Theile von ihren adlichen Sizzen und darinn einschlagenden Gütern vor und nach frei zu machen gewußt haben,
und kaum einen sechsten Theil versteuern. Wie
denn unter andern auch von denen, uneigentlich
und blos des Besizzers wegen sogenannten, adlichen
Höfen, welche vorhin, und vermöge Landtagsab-
schiedes von 1599. per totum zu tragen schuldig
gewesen, derselben zu Gunsten, seit 1670. nur
tres quartæ versteueret werden und eine quarta frei
bleibet, dergestalt, daß denselben die schazbare gemeine oder Bauerhöfe, welche über 50 Morgen

in

in sich begreifen und unterhaben, gleich gehalten sind.

Wegen der Anlage der Clerisei hat es, seit der ersten Landes-Matrikul her, zwischen dieser und den weltlichen Ständen Schwierigkeiten gesezt. leztere weisen derselben immer quartam partem der bewilligten Summen an: dagegen sagt das Domkapitel, daß Clerus kein Stand, und von den weltlichen Ständen billig nicht zu kollektiren sei; daß mit demselben in casibus extremæ necessitatis wegen eines Subsidii charitatiui in loco consueto gehandelt werden müsse ꝛc. Dergleichen Schwierigkeiten eräugneten sich besonders mehrere unter der Regierung des Kurfürsten Max Heinrichs, wo dann derselbe sich ziemlich der Meinung des Domkapitels gefüget hat. Die Halbwinner des Clerus zahlten, nach Ausweise des alten Descriptionsbuches, ihres Gewinns und Gewerbes halber, einen vierten Theil dessen, was die weltliche von ihren Höfen und Gütern abzustatten pflegten: Nun wurde ein neues Descriptionsbuch errichtet, und darinn der Anschlag der weltlichen Höfen, welche über 50 Morgen in sich begriffen, zur Hälfte geringert; Clerus glaubte sich also für künftig zu der Quarta jenes verringerten Anschlages verbunden: und Max Heinrich erkannte die Forderung für billig. In den Final-Landtags-Relationen weisen die weltlichen Stände noch immer die Quota Cleri dem Landesherrn an, wogegen dann das Domkapitel eine Pro- und jene Stände eine Reprotestation einwenden.

Der **westphälische** Theil des Erzstiftes ist in jedem Beitrage zu zwei Fünftheilen angeschlagen, und schicket derselbe jährlich sogenannte Deputirte ad audiendum & referendum nach Bonn, welchen die Proposition und der Abschied des Landtages mitgetheilet werden.

Der Betrag nun jenes jährlichen Beitrags ist, wie oben schon angeführet worden, nicht immer gleich groß. Der Landesherr leget in der Landtags-Proposition den versammelten Ständen die wahrscheinlichen Erfordernisse des einstehenden Jahres vor, und diese willigen alsdann bald mehr bald weniger Simpeln ein, die in gewissen Terminen ausgeschrieben und eingetrieben werden. Für das Jahr 1744 wurde die Summe von 163333$\frac{1}{2}$ Rthlr. nebst einem Donativ von 7000 Rthlr. zu Bewerfung des Kurfürstlichen Residenzschlosses bewilliget. Auf dem Landtage des Jahres 1763 wurden 20 Simpeln (jeden zu 26236 kölln. Guld. 4 Alb. 10$\frac{2}{3}$ Hell. gerechnet) und also 524724 kölln. Guld. 1 Alb. 11 Hell. ausgeschrieben. Hiezu die Quantæ Annuæ fixæ per Rhense, Straßfeld, Lovenich und Niederbobberg ad 832 kölln. Guld. 4 Alb. gerechnet, kömmt heraus die Summe von Rthlr. cour. 161709. 47 Alb. 11 Hell. Nun waren noch vorräthig aus voriger Jahresrechnung Rthlr. 175603 27 Alb. 8$\frac{1}{10}$ Hell. Auch kamen noch einige andere Posten hinzu, also daß **General-Empfang** wurde: Rthlr. cour. 358309. 36 Alb. 9$\frac{1}{10}$ Hell. Davon erhielt der Landesherr ein **Subsidium** von

65000

65000 Rthlr; ein **Donativ** von 10000 Rthlr. zur Berittenmachung der Leibgarde 10000 Rthlr. und also zusammen 85000 Rthlr. Diese, und die übrigen Ausgaben z. B. Verpflegung des Landtages, Conventions-Diäten, alte und neue Pensionen, ordinaria Salaria, Unterhaltung der Husaren und des Stockhauses, extraordinaire Ausgaben auf den Rheinbau und sonst, an unbeibringlichen Restanten, an Restanten, an Comtoirs-Unkosten ꝛc. abgezogen, blieb ein Residuum von **mehr empfangen** Rthlr. cour. 145656. 1 Alb. $3\frac{11}{20}$ Hell. — Im Jahre 1765. wurden wieder 20 Simpeln, jeder zu 26230 Guld. 2 Alb. 8 Hell. mithin 524602. Guld. 6 Alb 7 Hell. ausgeschrieben. Der Ueberschuß aus voriger Landesrechnung ad Rthlr. 197790. 67 Alb. $4\frac{3}{10}$ Hell. die Quantæ annuæ fixæ u. dgl. wie oben hinzugerechnet, betrug der **General-Empfang** Rthlr. cour. 361385. 64 Alb. $3\frac{1}{10}$ Hell. das Kurfürstl. **Subsidium** wieder 65000 Rthlr. das **Eingewilligte** oder **Donativ** 20000 Rthlr. nebst noch 1000 anstatt Interesse angeschaften, und also im Ganzen 86000 Rthlr. Diese nebst den andern extra- und ordinären Ausgaben abgerechnet, blieb **mehr empfangen als ausgegeben** die Summe von Rthlr. cour. 19559. 16 Alb. $4\frac{1}{10}$ Hell. — Im Jahre 1779 betrug der Status vnius simpli 26658 Guld. 14 Alb. $6\frac{7}{10}$ Hell. und, da 18 dergleichen Simpeln ausgeschrieben wurden, die ganze Summe, mit Einschluß der Quantæ annuæ fixæ, 480687 dergl. Guld. $2\frac{3}{7}$ Alb. welche ausmachen in Rthlr. cour. 147903. $56\frac{3}{7}$ Alb.

Das Residuum vorjähriger Landesrechnung war 10636 Rthlr. 75 Alb. 6⅔ Hell. und der General-Empfang: Rthlr. cour. 209018. 57 Alb. 7 4/10 Hell. An Subsidien erhielt der Kurfürst 70000 Rthlr., zum Schloßbau 10000 Rthlr. (wovon die eine Hälfte aus dem Reduktions- und die andere aus dem Tilgungsfond genommen worden). Danach und nach abgezogenen andern Ausgaben erschien ein Residuum von **mehr empfangen als ausgegeben** Rthlr. 9752. 75 Alb. 7 11/10 Hell.

Die Regalia des Fürsten sind wegen dem Licent zu Uerdingen und den Rheinzöllen zu Andernach, Linz, Bonn und Uerdingen (der zu Zoes geht für das Domkapitel ab) wichtig. Den Zoll zu Rheinberg (welcher izt zu Uerdingen ist) nebst dem dasigen Ruhrzoll trat Max Heinrich nebst der Administration desselben; so wie die Hälfte aller Einkünfte aus dem Zolle zu Linz, Kurfürst Ferdinand dem Domkapitel ab. Von dem gedachten Zolle zu Rheinberg heißt es in der Kapitulation des Kurfürsten Max Heinrichs, daß dessen jährlicher Ertrag seit einigen Jahren nicht mehr an die Summe von 4458½ Goldgulden gereichet habe. Was derselbe jährlich über diese Summe einbrachte, fiel der erzbischöflichen Tafel zu. Hieraus läßt sich ungefähr auf dessen Ertrag in Mitteljahren zu jener Zeit schliessen. Von dem Ertrage der übrigen läßt sich nichts bestimmtes angeben. Die Landzölle im Erzstifte sind verpachtet. Das Bergwerks-Regal

ist

ist von wenigerm Belange. Der Kurfürst erhält daher den Zehnden, nicht des rohen Steines, sondern des geschmolzenen Metalls. Die Domänen werden administrirt, und bestehen theils aus Wein- theils aus Landgütern. Sie sind eben auch nicht unbeträchtlich.

Um aus der Geschichte des Landes auch etwas hieher zu bringen, so ist bekannt, daß es jener Strich sei, welchen **Markus Vipsanius Agrippa** den **Ubiern** zur Wohnung angewiesen hat. Diese Ubier waren ein teutsches Volk, und bewohnten vordem das gegenseitige Ufer des Rheines. Ihre Nachbaren waren die **Schweifen** und **Katten**, vor deren feindseligen Ueberfällen sie sich endlich nur dadurch zu retten wußten, daß sie sich unter den Schuz der Römer begaben, von welchen sie dann, nach geprüfter Treue (wie **Tacitus** sagt) über das Rheinufer es zu bedenken, nicht aber dadurch beschränkt zu werden, versezt wurden. **Claudius** schickte, auf Zuthun seiner Gemahlinn **Agrippina**, welche in ihrer Stadt (denn lange müssen die Ubier nur die einzige gehabt haben, da **Tacitus** dieselbe schlechtweg das Oppidum Vbiorum nennet) geboren war, römische Veteraner und eine Kolonie dahin, woher ihr der Name Colonia Agrippinensis, uel Agrippinensium, und Colonia Claudia Augusta Agrippinensium gekommen ist, den sofort die ganze Völkerschaft gegen ihren ursprünglichen (ohne sich jedoch, **nach des Tacitus Zeugniß**, ihres Ursprungs zu schämen) gern vertauschte. Diese

Stadt

Stadt ward bald ansehnlich; erhielt das italische Burgerrecht; und (nachdem die Römer einem Theile Galliens den Namen des Landes gegeben hatten, an dessen Unterjochung sie nun einmal verzweifelt waren, und welches sie unterjochet zu haben doch so gerne scheinen wollten) den Titel einer **Hauptstadt des andern Germaniens.** Im fünften Jahrhundert kam dieselbe unter die Botmäßigkeit der Franken, bei welcher Gelegenheit sie freilich verwüstet, doch auch wieder hergestellt wurde, und selbst bei dem Theile jener Nation, welcher sich von den Ufern nannte (Franci ripuarii) die Hauptstadt, so wie, nach **Mainz**, die andere unter allen Städten Galliens ausmachte: denn Gallien blieb doch, troz dem römischen Stolze und den Niederlassungen der Germanen auf demselben, das linke Rheinufer mithin die sogenannte Germania prima & secunda nichts mehr und nichts weniger als ein Theil des belgischen Galliens, dieses leztere in seinem ausgedehntern Verstande genommen.

Was man so lange von einem gewissen **Maternus** geschrieben hat, welcher im ersten Jahrhundert der christlichen Zeitrechnung vom H. Petrus in jene Gegenden geschickt worden sein, und, nachdem er darinn mit vielem Erfolge das Evangelium geprediget, den Grund zu dem Bißthum Köln geleget haben solle, ist nun ziemlich für ein Mährchen bekannt, und das Dasein eines Bischoffes der kölnischen Kirche überall vor dem Anfange des vierten Jahrhunderts nicht erweislich. Um diese Zeit aber

hatte

hatte sie einen **Bischoff**, welcher der Kirchenversammlung zu Arles A. 314. beigewohnet und **Maternus** geheiſſen, doch bekanntlich nicht vom H. Petrus hat können gesandt werden. Diesen **Maternus** machen einige zum ersten **Erzbischoffe** von **Köln**, allein ohne Grund: da erweislich iſt, daß keine Kirche der beiden Germanien vor dem achten Jahrhundert zu der Würde eines Erzbißthums erhoben worden sei. Erſt unter den fränkischen Fürſten **Karlmann** und **Pipin** wurde ernſthaft an die Errichtung eines solchen für jene Provinzen gedacht. Eben damals war **Bonifacius**, welchen Pabſt **Gregor II.** zum Biſchoffe und deſſen Nachfolger **Gregor III.** A. 732. zum Erzbiſchoffe konſekriret hatten, in Teutſchland, und wurde, da er nur regionarius, oder an keinen beſtimmten Siz gewiesen war, zum Vorſteher der zu erhebenden Kirche auserſehen. Nun ſtarb A. 745. der Biſchoff **Reginfried** von **Köln**, und erleichterte die Wahl jener Fürſten, die ſich des ledigen Stules zu ihrer Abſicht bedienten, indem ſie denſelben für einen erzbiſchöflichen erklärten, und **Bonifazen** darauf ſezten, auch darüber die Beſtätigung des Pabſtes **Zacharias** erhielten. Nun ergab es ſich, daß **Biſchoff Gewielieb** oder **Gervilio** zu Mainz des Mordes beſchuldiget, und auf einer Kirchenverſammlung, welche **Bonifaz**, auf Karlmanns Befehl, ausgeſchrieben hatte, der biſchöflichen Würde beraubet wurde. Mainz war bisher dem Stule von **Köln**, als dem einzigen erzbiſchöflichen in Teutſchland, unterworfen: Und doch

war

war jenes die Hauptstadt des erſten, und dieſes nur die Hauptſtadt des andern Teutſchlandes. Dieſe, vielleicht auch noch andere, Ruckſichten beſtimmten bei jener Gelegenheit die genannten Fürſten, die Sache umzukehren; und ſo wurde Bonifaz nach Mainz verſezt, und ſeine neue Kirche vom Pabſte zur Metropolis für ganz Teutſchland erhoben, auch ihr namentlich Köln nebſt Tungern und Utrecht unterworfen. Auf dieſem Fuſſe blieben die Sachen ohngefähr 50 Jahre hindurch, bis, vermuthlich zwiſchen 794 und 799, der kölniſche Biſchoff Hildebold ſeiner Kirche die erzbiſchöffliche Würde neuerdings zuwege brachte. Dieſer Herr hatte ſich die Päbſte Hadrian und Leo ſowohl als Karl den G. (unter welchem er als Erzkaplan die Kirchenſachen im Reiche betrieb) ſehr verbindlich zu machen gewußt, auch vielleicht einigen Antheil an der Vorliebe, womit jener Kaiſer der Stadt Achen zugethan war: Nun hatte lezterer dieſe Stadt zum Sizze des Reiches beſtimmt, und ſah die Schicklichkeit ein, die Kirche, unter deren Sprengel ſie gelegen war, zur erzbiſchöfflichen zu erheben. Dies konnte damals um ſo füglicher geſchehen, da inzwiſchen wieder neue Bißthümer in Weſtphalen, um das neue Erzbißthum auszumachen, entſtanden waren; auch dem Erzbiſchoffe von Mainz, durch Unterwerfung dergleichen in Teutſchland neuerrichteter Bißthümer unter ſeine Gerichtsbarkeit, ein Erſaz für die Entziehung der Kölniſchen und Lütticher Provinz geſchehen konnte. Denn wahrſcheinlicher Weiſe wurde leztere nebſt Utrecht dem neuen Erzbiſchoffe

bischoffe gleich unterworfen. Utrecht blieb bis in das sechszehnte Jahrhundert suffragan, wo es unter den Päbsten Paul IV. und Pius IV. in den Jahren 1559 und 1560 eximirt und zum Erzbißthume erhoben wurde. Die von Karl dem G. gestifteten Bißthümer Minden, Münster und Oßnabrück kamen gleichfalls unter Köln, und erst durch den westphälischen Friedensschluß wurde Minden als ein Fürstenthum dem Marggraf von Brandenburg abgetreten; im Bißthum Oßnabrück aber blos die geistliche Gewalt des Erzbischoffes in Ansehung der Evangelischen aufgehoben.

Die neuen Erzbischöffe von Köln erhielten bald das Pallium, und sogar erlaubte dem Erzbischoffe Bruno Pabst Anacletus II. dasselbe, so oft ihm gut dünkte, anzulegen. Doch war dieses Privilegium nur personel: nicht aber jenes sich das Kreuz vortragen zu lassen und ein Prunkpferd (Naccus) zu halten. Pabst Leo IX. bestätigte denselben A. 1052. das Privilegium, gleich nach ihm oder seinem legaten a latere bei Kirchenversammlungen in deren Dioces zu sizzen; das Recht, den Kaiser zu krönen, und die Unabhängigkeit von jedem Primaten, ausser dem römischen Stule. Daß nun aber die Erzbischöffe von Köln wenigstens schon im zehnten Jahrhundert diese Privilegia, mithin den Primat, gehabt haben, erhellet aus einer Bulle vom Jahre 968, worinn Pabst Johann XIII. dem Magdeburgischen Erzbischoffe Adalbert jenen Primat ertheilet, und nebenher den Erzbischöffen von Mainz, Trier.

Trier und Köln die nemliche Würde (parem honorem) konfirmirt. Hieraus läßt sich zum Theile der ehrwürdige Hontheim widerlegen, da er behauptet, daß das Erzbißthum Köln von jenem Pabste Leo IX. im J. 1049. dem Primatrechte des Erzbischoffes von Trier unterworfen worden sei. lezterer erhielt freilich den Primat durch das belgische Gallien: allein nur durch das belgische Gallien in seinem engern Verstande, und mit Ausschluß der beiden Germanien genommen... Das obige Privilegium des ersten Sizes der Erzbischöffe von Köln nach dem Pabste hat in der Folge Pabst Innocenz IV. dahin ausgedehnt, daß er Arnolden zu seinem Legaten ernannt, und dadurch dessen Folger befugt hat, sich bis auf den heutigen Tag geborene Legaten des apostolischen Stules zu nennen. Sonst ertheilet noch jene Bulle des Pabstes Leons IX. dem Erzbischoffe von Köln die Würde eines Kardinals unter dem Titel: Johannes des Täufers vor der lateinischen Pforte. Ob dadurch nun aber der Purpur dem Erzstifte anklebig worden sei, also daß alle kölnische Erzbischöffe sich gleichfalls Erb- oder geborene Kardinäle des römischen Stules nennen könnten, ist zweifelhaft. Endlich wird kraft der mehrgenannten Bulle den Erzbischöffen von Köln die Erzkanzlerwürde des apostolischen Stules bestätiget. Ich sage bestätiget: denn schon Piligrim, der Vorfahr des Erzbischoffes Hermann, an welchen jene Bulle gegeben ist, übte das Amt eines Kanzlers unter Benedikt VIII. und Johann XIX; jener Hermann aber

aber unter dem oftgedachten Leo IX. aus, da er selbst die Bulle, wodurch ihm seine Rechte und Privilegien bestätiget wurden, und in der Folge noch viele andere unterschrieben hat, wie sich dann fast von jedem Jahre der Regierung jenes Pabstes eine mit Hermanns Unterschrift vorfindet. Des leztern Folger Anno sezte das Amt unter den Päbsten Viktor II. und Alexander II. fort; ein Beweiß, daß das Privilegium nicht personell gewesen. Inzwischen kam, wegen der Abwesenheit der Erzbischöffe von Rom, allmählich auch sogar die Gewohnheit ab, bei den Unterschriften der Bullen des Erzkanzlers zu erwähnen, bis endlich im zwölften Jahrhundert Erzbischoff Friederich dieselbe wieder erneuerte: wenigstens findet sich eine in dessen Namen unterschriebene Bulle vom Jahre 1111. Auch scheinet der Gebrauch hierin seinen Grund zu haben, kraft wessen der römische Hof keinen Kanzler bestellet, sondern derjenige, welcher die Geschäfte eines Kanzlers versieht, sich nur einen Vicecancellarium (gleichfalls einen Stellvertreter des durch Abwesenheit verhinderten Kölnischen Erzkanzlers) nennet.

Nebst diesen Kirchenwürden besizen die Erzbischöffe von Köln auch die eines Erzkanzlers des H. R. Reichs durch Italien. Den Ursprung derselben wollen einige in den Zeiten der Regierung Kaisers Otto des G. wieder finden: allein es ist erwiesen, daß damals die Erzbischöffe von Köln das Erzkanzleramt durch Teutschland verwaltet haben.

haben. Nach der Vereinigung Italiens mit dem Reiche hielt Otto I. die Gewohnheit bei, an die Italischen Schreine italische Bischöffe als Kanzler zu sezzen, und denselben die Besorgung der Geschäfte, welche Italien betrafen und daselbst expedirt wurden, anzuvertrauen; und dies vornemlich, wenn er, der Kaiser, gegenwärtig war. Den Schreinen Teutschlandes stand der Erzkanzler des Reiches vor, und in diesen wurde ausgefertiget, was nicht nur Teutschland, sondern auch Italien betraf; Dies wurde nemlich alles, nach Willkühr der Kaiser, so gehalten, es mogten nun die teutschen Kanzleien wirklich sich in Teutschland befinden, oder dem Kaiser auf einer Reise nach Italien, nebst dem Erzkanzler, dahin gefolget sein. Unter Otto dem G. standen mehrere Erzbischöffe zugleich den höchsten Kanzleien vor, und unter denselben auch Bruno, des Kaisers Bruder und Erzbischoff zu Köln; welcher nämlich vom Jahre 953 an, da er gewählet ward, bis zum J. 965, da er starb, in Ausfertigung teutscher Reichs-Geschäfte das Erzkanzleramt (so wie Bischoff Wido dasselbe in Italien) versah. Volmar, Gero, Warinus, Evergerus und Heribertus, Bruno's unmittelbare Folger am Erzstifte Köln, haben, so viel bekannt, jenes Erzamt weder in Teutschland noch in Italien verwaltet. lezteres blieb noch immer bei italischen Bischöffen, bis Heinrich II. mit seinem Liebling Eberhard von Bamberg den Anfang machte, dasselbe an teutsche Bischöffe zu bringen, und zwar stand lezterer demselben noch im J. 1023

vor.

vor. Piligrim von Köln ist der erste Erzbischoff, welchem endlich das Erzkanzleramt durch Italien, (welchen die Kaiser nun eben so viel Ansehen, als jenem durch Teutschland geben wollten) anvertrauet worden ist: und zwar ist es wahrscheinlich, daß die Würde eines Erzkanzlers des römischen Stules, welche er bekleidete, demselben Gelegenheit gegeben habe, sich beim Kaiser Konrad um jene zu bewerben. Piligrims nachfolger Hermann, Anno, Hildolfus, Sigewinus, Hermann II. Friederich, Bruno, Hugo, mithin überhaupt neun Erzbischöffe von Köln, haben in einer ununterbrochenen Folge alle jenes Amt bekleidet; und zwar der erste, nach Piligrim, unter den Kaisern Konrad und Heinrich III.; die vier folgenden unter Heinrich IV. der sechste unter Heinrich V. und die beiden leztern unter Lothar II. Nach Hugo's Ableben kam Arnold I. auf den H. Stul zu Köln, ein Mann, der bekanntlich zu allen Geschäften untauglich war, und unter dessen vierzehnjähriger Regierung jenes Erzamt ruhete, da Kaiser Konrad III. theils nie nach Italien kam, theils die italischen Sachen in der teutschen Kanzlei ausgefertiget wurden; also daß auch kein anderer jener von Italien vorgesezet worden ist. Diese Zwischenzeit benahm indessen dem Rechte der kölnischen Erzbischöffe nicht das mindeste: denn, nachdem Arnold II. (welcher bisher das Kanzleramt bei der teutschen Kanzlei verwaltet hatte) im J. 1151 an die Stelle seines unthätigen Namensgenossen gekommen war, übte derselbe jenes Recht seiner Kirche

wieder

wieder aus, und nannte sich zum Ersten einen Erzkanzler durch Italien, so wie er dann auch, da Kaiser Friederich I. 1154 sich in Italien aufhielt, um die italischen Sachen auszufertigen, denselben nicht verließ. Dieser Kaiser nennet ihn selbst in einem Diplom den Archicancellarius Italici regni. Ihm folgte am Erzstifte und im Erzkanzleramte Friedrich, welcher den gedachten Kaiser dieses Namens auf seinem zweiten Zuge nach Italien begleitete, und, nachdem er A. 1159. daselbst gestorben war, durch Reinalden ersezt wurde. Dieser war nicht so balde zum Erzbischoffe gewählet, als er nach Italien eilte, und schon das Urtheil, wodurch der Kaiser A. 1160. zu Pavia den Streit zwischen den teutschen Bischöffen von Bamberg und Würzburg endigte, unterschrieb. Dieser leztere Vorfall erweiset, 1) daß das Erzkanzleramt schon damals dergestalt an der Kirche von Köln gehaftet habe, daß dasselbe gleich nach der Wahl von dem neuen Erzbischoffe ausgeübet worden sei. 2) Daß die Urkunden über die Verhandlung teutscher Sachen, wenn dieselbe in Italien geschehen war, eben sowohl in italischen Kanzleien ausgefertiget worden sein, als dies in ähnlichem Falle mit italischen Angelegenheiten in Teutschland geschah. Von dieser Zeit an bedienten sich die Erzbischöffe von Köln öfterer des Titels der Erzkanzler durch Italien oder des Italischen Reiches, so wie die Erzbischöffe von Mainz derer durch Teutschland. Reinald bediente sich dieses Titels zuerst in seinen eigenen Briefen, worinn ihm seine Nachfolger, besonders im dreizehnten Jahrhun-

hundert, vielfältig nachahmten: da man im
Gegentheile ein Beispiel dieser Art bei den Erzbi-
schöffen zu Mainz erst im Jahre 1237 antrift.
Nach Reinald verwaltete noch unter dem nemlichen
Kaiser Friedrich I. dessen Nachfolger Philipp
jenes Amt; so wie Adolph unter Heinrich IV.
Theoderich unter Otto IV. und Friedrich II.
Um diese Zeit soll die Gewohnheit aufgekommen sein,
bei den Unterschriften der Urkunden den Namen des
Erzkanzlers, in dessen Namen sie geschahen, aus-
zulassen; wiewohl sich schon Spuren hievon in den
Zeiten Friedrichs I. finden. Engelbert I. und
Arnold III. übten ihr Recht unter Kaiser Friedrich
II. auch noch aus, so wie deren Nachfolger Engelbert II. Siegfried, Wichbold, Heinrich II.
Wallram und Wilhelm sich vielfältig in eigenen
Urkunden den Titel des Amtes geben, welches unter
Karl IV. die goldene Bulle, als durch die bis-
herige Reichsobservanz dem Erzstifte gleichfalls erb-
lich und anklebend, erkennet und bestätiget. Seit
dem zwölften Jahrhundert haben die Erzbischöffe
von Köln aufgehöret, die Kaiser auf ihren Zügen
nach Italien zu begleiten, dagegen aber zur Verwaltung ihres Erzamtes einen Vicekanzler substituirt,
wozu dieselbe dann ein, dem Erzbischoffe Heinrich
II. von Ludwig dem Baiern im J. 1310 zu
Speier ertheiltes, Privilegium berechtigte. Da
nun aber die Züge der Kaiser nach Italien ganz auf-
hörten, und alle Sachen ohne Unterschied in der
Erzkanzlei jenes Reiches ausgefertiget werden, in
welchem der Kaiser sich aufhält; so ruhete bis heran
die

die Ausübung des Erzamtes, welches demungeachtet der Kirche von Köln so ungekränkt geblieben ist und hinfür bleibet, daß einzig nur eine Gelegenheit erfoderet wird, um dasselbe auszuüben.

Um hier von dem Ursprunge der kölnischen Kurwürde auch etwas anzuführen, so ist aus den Geschichten der kaiserlichen Wahlen bekannt, daß zu der Zeit, als diese noch bei allen Ständen des Reiches standen, und die Vornehmsten unter denselben blos einige Vorrechte dabei hatten, zu den leztern der Erzbischoff von Köln gehört habe; Er, der Metropolit der Provinz, welche den Königlichen Siz enthielt; der Inaugurator des neugewählten Königs; der Erzkanzler des Reichs war; und der endlich so oft zu Lebzeiten der Kaiser von diesen, um mit ihnen die Regierungs-Geschäfte zu theilen, berufen ward. Da nun aber die Fürsten, welche die höchsten Stellen im Reiche versahen, den Vorzug unter den übrigen erhielten; auch mit Ausschluß der leztern im dreizehnten Jahrhundert die höchsten Beamten des Reiches, vermöge ihrer Erzämter, das Wahlgeschäft an sich brachten; so entstand, aus einer Observanz des Reiches, zugleich mit dem Kurfürsten-Kollegium, dem Erzbischoffe von Köln seine Kurwürde, deren Rechte nie in der Folge angefochten worden, und welche sich einander wechselseitig zu schüzzen im J. 1300 Wichbold von Köln, und Johann von Sachsen übereingekommen sind. Nun besizet aber der Kurfürst von Köln, außer denen, jedem andern Kurfürsten gemeinen,

Vor-

Vorrechten, noch einige ganz besondere für sich. So hat derselbe z. B. vermöge der goldenen Bulle, bei den Königs- und Kaiserwahlen, nach dem Kurfürsten von Trier die erste Stimme, und sizt, bei allen öffentlichen Handlungen, wenn sie in seinem Kirchsprengel oder ausser demselben in Italien und Gallien geschehen, zur Rechten des Kaisers, welche er dem Kurfürsten von Mainz einzig in dessen Sprengel und Erzkanzlerthum (seine eigene Diöces ausgenommen) einraumet. Daß Kurtrier wegen dem höhern Alterthume seiner Kirche jenen Plaz prätendirte, geschah ohne genugsamen Grund, indem nicht das Alter der **Kirche**, wohl aber des **Erzkanzleramtes** hier betrachtet wurde: Nun versahen aber dieses das eilfte, zwölfte und dreizehnte Jahrhundert hindurch einzig die beiden Erzbischöffe zu Mainz und Köln; bis endlich zu Ende des leztern auch Trier unter dem Titel **durch Gallien und das Königreich Arelat** hinzukam. Doch schlug Karl IV. den Mittelweg ein und bestimmte dem Kurfürsten von Trier den Siz gerade über dem Kaiser. Da nun aber derselbe immer noch Schwierigkeiten fand, so ward endlich A. 1653. im Kurfürsten-Kollegio der Vergleich getroffen, daß er mit Kurköln, in Rücksicht des Vorsizzes, alterniren sollte. Was das Recht des Kurfürsten von Köln, den römischen König zu krönen, betrift; so kam ihm dasselbe, wegen dem in seinem Kirchsprengel gelegenen königlichen Sizze, in den ältesten Zeiten zu. Hildebald übte es durch die Krönung Ludwigs des Frommen zuerst aus.

Bei Otto's des G. Krönung soll Erzbischoff Wichfried die Verrichtung derselben ausdrücklich aus dem Grunde gefodert haben: weil der Krönungsort in seiner Diöces gelegen sei, und Hermann aus diesem nämlichen Grunde zu der Krönung Heinrichs III. zugelassen worden sein. Nun bestätigte im J. 1052 diesem Hermann Pabst Leo IX. jenes Recht, so wie in der Folge die Päbste Eugenius III. und Alexander III. durch Konfirmations-Bullen. Endlich, da Karl IV. durch ein ewiges und immer geltendes Gesez, Achen zum Krönungsorte der römischen Könige bestimmte; so wurde dasjenige, welches dem Erzbischoffe von Köln bisher kraft seines Diöcesanrechtes nur zukam, demselben durch ein öffentliches Gesez zuerkannt. Nun geschah's in der Folge, daß die Krönung ausser Achen und der kölnischen Diöces (wie es das Gesez im Nothfalle zuließ) verrichtet, und der Kurfürst von Mainz veranlaßt wurde, Ansprüche auf die Ehre, dieselbe zu verrichten, zu machen. Der Streit wurde durch einen, am 25 Junius des Jahres 1657 geschlossenen, Vergleich beigeleget, kraft dessen der Kurfürst von Köln den von Mainz zur Alternativ annimmt, so oft die Krönung ausser den Kirchsprengeln von beiden vorgehen sollte, sonst aber einem jeden von beiden das Recht, die Krönung in seiner eigenen Diöces zu verrichten, ungekränkt bleiben solle.

Diese Vorzüge berechtigen den Kurfürsten zu dem folgenden beständigen Titel: Wir ▪ ▪ ▪ von
Got-

Gottes Gnaden Erzbischoff zu Köln, des
H. R. Reichs durch Italien Erzkanzler und
Kurfürst, geborener Legat des h. Aposto=
lischen Stules zu Rom, in Westphalen und
zu Engern Herzog, Herr zu Odenkirchen ꝛc.
Das Wappen bestehet aus einem schwarzen Kreuze
im silbernen Felde wegen dem Erzstift Köln; einem
springenden weissen Pferde wegen dem Herzogthum
Westphalen; drei goldenen Herzen im rothen Felde
wegen dem Herzogthum Engern; und einem silber=
nen Adler im blauen Felde wegen der Grafschaft
Arnsberg. Der Matrikular-Anschlag des Kur=
fürsten ist von 60 zu Roß, und 277 zu Fuß oder
1828 Florins. Derselbe giebt zu einem Kammer=
zieler 811 Rthlr. 58$\frac{1}{2}$ Kreuzer.

Und nun ist noch übrig, die Folge der Vorsteher
jener Kirche, von dem ersten zuverläßig bekannten
bis auf den glorwürdig regierenden, hieher zu sezzen.
Ich bediene mich zu dem Ende des Conatus Chro-
nologicus des Kartheusers Moerkens, welcher
zwar mit andern Chronologisten nicht ganz zu=
trift, aber seines Fleisses halber in Berichtigung
jener ziemlich verworrenen Chronologie nicht ganz
ohne Gewicht ist. Die erste Zahl bedeutet das
Antrittsjahr, und die andere das Ende der Re=
gierung eines jeden.

Maternus	= =	280 —	315
Unbekannter	=	315 —	346
Euphrates	= =	346 —	355
Severinus	= =	355 —	403

Ever=

Evergislus = =	403 —	418
Aquilinus = =	418 —	440
Solinus = =	440 —	470
Simonäus = =	470 —	500
Domitian = =	500 —	560
Caráternus = =	560 —	580
Ebregisilus = =	580 —	600
Remedius = =	600 —	622
Cunibert = =	623 —	663
Bocaldus = =	663 —	674
Stephanus = =	674 —	680
Aldewin = =	680 —	695
Guiso = =	695 —	708
Anno = =	708 —	710
Pharamund = =	710 —	711
Agilolphus = =	712 —	717
Raginfredus = =	718 —	747
Hildegarus = =	750 —	753
Hildebertus = =	753 —	762
Bertholinus = =	762 —	772
Rikolphus = =	772 —	782
Hildeboldus = =	782 —	819
Hadebaldus = =	819 —	842
Guntharius = =	850 —	865
Willibertus = =	870 —	890
Hermann = =	890 —	925
Wichfried = =	925 —	953
Bruno = =	953 —	965
Volkmar = =	965 —	969
Gero = =	969 —	976
Warinus = =	976 —	984

Ever=

Evergerus	984 —	998
Heribertus	999 —	1022
Pilgrim	1022 —	1035
Hermann II.	1035 —	1056
Anno	1056 —	1075
Hidolphus	1076 —	1079
Siegewinus	1079 —	1089
Hermann III.	1089 —	1099
Friedrich	1101 —	1131
Bruno II.	1132 —	1137
Hugo	1137 —	1137
Arnold	1137 —	1148
Arnold II.	1150 —	1156
Friedrich II.	1157 —	1159
Reinald	1159 —	1167
Philipp	1167 —	1191
Bruno III.	1191 —	1193
Adolph	1193 —	1205
Bruno IV.	1205 —	1208
Theodorich	1208 —	1214
Engelbert	1216 —	1225
Heinrich	1225 —	1237
Kunrad	1237 —	1261
Engelbert II.	1261 —	1275
Siegfried	1275 —	1297
Wichbold	1297 —	1303
Heinrich II.	1305 —	1332
Wallram	1333 —	1349
Wilhelm	1349 —	1362
Adolph II.	1363 —	1364
Engelbert III.	1364 —	1368

Frie=

Friedrich III.	1370 —	1414
Theodorich II.	1414 —	1463
Rupert	1463 —	1480
Hermann IV.	1480 —	1508
Philipp II.	1508 —	1515
Hermann V.	1515 —	1546
Adolph III.	1547 —	1556
Anton	1556 —	1558
Johann Gebhard	1558 —	1562
Friedrich IV.	1562 —	1567
Salentin	1567 —	1577
Gebhard II.	1577 —	1583
Ernest	1583 —	1612
Ferdinand	1612 —	1650
Max Heinrich	1650 —	1680
Joseph Clemens	1680 —	1723
Clemens August	1723 —	1761
Max Friedrich	1761 —	= =

Soviel von dem Erzstfte überhaupt und im Ganzen genommen. Wir gehen nun an die Beschreibung seiner Theile. Um dabei wenigstens so viel Ordnung zu halten, als bei dem wenigen Zusammenhang der leztern möglich ist, fangen wir an der Spize des Oberstifts an, und nehmen, so wie sich die Aemter in ihrer Lage den Rhein herunter folgen, eines nach dem andern vor. Unter jener Spize verstehe ich die

Stadt

Stadt Rense.

Diese Stadt, auch Rees, Reinse (Rensa) genannt, liegt am linken Ufer des Rheinstromes, ohnweit Boppard (dem Botobriga, Baudobrica, Babardia der Alten) und gehörte, nebst diesem Städtchen, in vorigen Zeiten, wahrscheinlicher Weise in das Gebiet der alten Trerer. Der h. Bischoff Cunibert brachte beide Ortschaften, so wie Spey und Oberspey; item Zeltingen und Rachtig bei der Mosel, dem h. Peter von Köln zu. Boppard ist nun so lange schon vom Erzstifte ab, daß man kaum die Zeit, wannehe: noch die Art wie es verloren gegangen, anzugeben weiß. An Trier soll es von Kaiser Heinrich VII. verpfändet worden sein. Rense blieb wenigstens bis nach den Zeiten des Erzbischoffs Friedrichs III. von Saarwerden, welcher es mit Mauern umgeben, und mit Stadtfreiheiten beschenkt hat, beim Erzstifte. Nach diesem wurde es verschiedentlich zum Pfande verschrieben, und zwar erstens im J. 1445. an den Grafen Philipp von Katzenelnbogen für 9000 rheinische Gulden. Kurfürst Ferdinand lösete es nun zwar am 6 Mai des J. 1630 von den Landgrafen von Hessen wieder ein: allein blos, um es gleich darauf für die Summe von 12000 Rthlr. an den kölnischen Domicellar und kurbaierischen Feldmarschall Grafen Jakob von Broekhorst wieder zu versezzen. Von diesem lösete es im J. 1661. Kurfürst Max Heinrich: allein bei dem nachmaligen kostspieligen Kriege mußte

es

es neuerdings herhalten, und kam anfangs an die Abtei Gladbach; im J. 1694 aber an die, im Erzstifte Trier ohnweit Andernach gelegene Abrei Ronnersdorf, aus deren Händen im J. 1729 Kurfürst Clemens August, mittelst eigener Mitteln, die Stadt rettete, und in seinem Testament dem Erzstifte schenkte.

Etwa 400 Schritte unterhalb der Stadt, und 30 Schritte vom Rheinufer, in einer angenehmen, mit Nußbäumen bepflanzten Gegend stehet der sogenannte Königsstul (thronus regalis), welcher, von Quadersteinen erbauet, auf 7 Schwibbögen ruhet, acht und eine viertel Elle in der Höhe, 40 Ellen und anderthalb viertel im Umkreise, und 12 Ellen und drittehalb viertel im Durchmesser hält; mit einer steinernen Treppe von 28 Stuffen, zwo starken Thüren, und oben mit sieben Sizbänken, nach der ehemaligen Anzahl der Kurfürsten des Reiches, versehen ist. Ob schon zu den Zeiten der Austrasischen Königen daselbst ein sogenannter Campus Martius (Märzfeld) gewesen, läßt sich nicht bestimmen: daß aber ehemals auf diesem Königsstule die Kurfürsten vor den Kaiser- und Königswahlen sich versammlet, ja gar die Wahlen selbst vorgenommen, und den Neuerwählten eliviret oder inthronisiret; endlich Vereine daselbst geschlossen, und sonst wichtige Reichsgeschäfte abgethan haben, ist genug aus der Geschichte bekannt. So wurde hier am 25 November 1308 Heinrich VII. von Luxenburg gewählt. Im J. 1325. war

hier

hier eine Versammlung der Reichsfürsten, worinn beschlossen wurde, den Kaiser Ludwig von Baiern, troz den Absichten und Andringlichkeiten des Pabstes Johann XXII. nicht abzusezzen. Im J. 1338 wurde hier der berühmte Kurfürsten=Verein gestiftet, kraft wessen ein rechtmäßiger erwählter römischer König der päbstlichen Bestätigung und Krönung nicht bedürfen sollte. Dieser Schluß ist vom 15 Julius, und schon am 6 des nemlichen Monats hatten sich die versammelten Kurfürsten eiblich verbunden, ihre und des Reichs Gerechtsame gemeinsam gegen die überalpischen Eingriffe zu vertheidigen, welchen ungeachtet diese fortdauerten, dergestalt, daß die Kurfürsten sich im J. 1344 neuerdings zu Rense versammelten, und von da aus Gesandten mit Vorstellungen an den Pabst abordneten, welches noch so wenig fruchtete, daß lezterer am Gründonnerstage 1346 in einer Bulle Ludwigen des Kaiserthums verlustig erklärte, und den Kurfürsten auftrug, zu einer neuen Wahl zu schreiten, oder zu gewärtigen, daß er selbst Vorsehung thun würde. Hierauf versammelten sich die Kurfürsten am 10 Julius 1346 wirklich wieder zu Rense, erklärten alda erst den Kaiserthron für ledig, und wählten am andern Tage den böhmischen Prinz Karl, Marggrafen von Mähren; eben den, welchen der Pabst vorgeschlagen hatte, und der ein Vierteljahr darauf von dem kölnischen Erzbischoffe Wallram zu Bonn gekrönet, auch schimpfweise der Pfaffenkönig genannt wurde. Eben dieser Karl IV. versammelte am 1 Junius 1376 die Kurfürsten

wieder

wieder nach Rense, und beredete dieselbe, seinen Sohn Wenzel zum römischen Könige auszuersehen. Ob nachher dieser Wenzel zu Rense abgesezzet worden, ist strittig; so viel aber gewiß, daß er dahin, um sich zu verantworten, abgeladen worden sei. Der an dessen Stelle den 21 August 1400 zu Boppard gewählte Kaiser Rupert wurde inzwischen noch am nemlichen Tage auf den Königsstul gebracht, und daselbst inthronisirt. Eben dieses läßt sich von dessen beiden unmittelbaren Nachfolgern behaupten. Im J. 1416 wurde daselbst zwischen den rheinischen Kurfürsten, eine feierliche Verbindung getroffen, und im J. 1455 von diesem und andern angränzenden Reichsfürsten Johann von Westerburg, welcher einige nach Frankfurt reisende kölnische Burger und andere Kaufleute beraubet und gefangen genommen hatte, zu einer Abbitte und Erlegung einer Summe von 12000 Flor. an gedachte Kaufleute verdammet. Maximilian I. ist, so viel man zuverläßig weiß, der lezte Kaiser, welcher hier inthronisiret worden; wiewohl einige dies auch noch von Karl V. und Ferdinand I. vermuthen. Im J. 1659 den 4 Febr. bestättigte noch Leopold dieser Stadt das, derselben im J. 1376 von Karl IV. ertheilte Vorrecht „in dem Garten und an „der Stadt, da die Churfürsten einen römi„schen König zu nehmen und zu wählen „überein pflegen zu kommen, als Gewohn„heit vor Alters gewesen ist, ein Gestühl „machen, und das in alle Wege bewahren „und halten zu können.„ In jenem Karolinischen

nischen Freiheitsbriefe sind auch der Stadt Rense verschiedene andere Vorrechte zugestanden. Die Zollfreiheit auf dem Kurmainzischen Rheinzolle zu **Oberlahnstein** wurde im Jahr 1540 unter dem Mainzischen Erzbischoffe **Albert von Branden-burg** der Stadt für ihre eigene Weingewächse und Konsumtibilien mittelst eines besondern Vergleiches erneuert. Auf dem **Kurtrierischen** Rheinzolle **Boppard** (denn Kurtrier hat an diesem Zolle oder **Wartspfennig** den grösten; Hessen aber nur einigen wenigen Antheil) geniessen die Burger der Stadt die Zollfreiheit aller, nach **Rense** abfahrender **Baumaterialien**, welche Freiheit jährlich am 1 Mai mit 2 rheinischen Gulden recognosciret wird. Auch haben dieselbe das Marktrecht in der Stadt **Koblenz** zum Kaufen und Verkaufen, gleich den dasigen Burgern, welches Recht dieser, von dem kölnischen Erzstifte entlegenen und abgesonderten Stadt, bei Theurung und Fruchtsperren sehr zuträglich ist. Der Vergleich hierüber wird jährlich auf dem **Königsstule** am Pfingstmontage erneuert, da eine Deputation des Koblenzer Stadtrathes hieher kömmt, und, nachdem sie von den Rensern die Salutation mit einer Flasche Weins empfangen hat, mündlich und stehend die Anrede hält und Antwort empfängt. Daß dieser Ort in ältern Zeiten zu den Zusammenkünften gewählet worden, hat seinen Grund darinn, weil die vier rheinischen Kurfürsten ganz nahe dabei ihnen zugehörige Plätze haben. Denn Kurköln besitzt **Rense**; Kurmainz **Oberlahnstein** nebst dem

Schlosse

Schloſſe **Lahneck**; **Kurtrier Kapellen** nebſt dem Schloſſe **Stolzenveſt**; **Kurpfalz** aber das Städtchen **Braubach** nebſt dem auf einem gähen Felſen gelegenen Schloſſe **Marxburg**, welches **Heſſendarmſtadt** von ihm zum Lehen hat.

Was nebſt dieſer Stadt von der Erbſchaft des h. Biſchoffs **Cunibert** dem Erzſtifte **Köln** noch übrig iſt, beſtehet aus dem

Amt Zeltingen und Rachtig.

Daſſelbe liegt, weit von den übrigen erzſtiftiſchen Landen ab, auf der **Moſel**, ohnweit **Bernkaſtel**, (caſtellum moſellanicum Tabernæ moſellanicæ) und iſt, ſeines vortreflichen Weinwachſes halber, der kurfürſtlichen Kammer wichtig. Jener h. **Cunibert** war der Sohn eines auſtraſiſchen Herzogs **Crallo**, deſſen Beſitzthümer aus den beſchriebenen Gegenden an der **Moſel** und am **Rheine** beſtanden haben, und durch die Freigebigkeit ſeines frommen Sohnes (der im J. 663 ſtarb) an das Erzſtift **Köln** gekommen ſind.

Zunächſt nach dieſem Amte, oder vielmehr zuerſt, wenn man die beſchriebenen Stücke als abgeſondert für ſich betrachten will, kömmt das

Amt Andernach.

vor, welches enthält 1) die **Stadt**, wovon es

es seinen Namen hat, und welche in alten Zeiten Antonacum, Antenacum oder Antunacum; item Antoniacum, Antonacense castellum. u. s. w. genannt worden ist. Dieselbe liegt am linken Ufer des Rheines, in einer bergigten, doch sehr angenehmen Gegend, und ist, wie man glaubt, die älteste, auch die erste Direktorial-Stadt des Erzstiftes Köln. Ihren Ursprung will sie von einem ehemaligen Lager der Römer herleiten, und das Grab des Kaisers Valentinian enthalten. Auch sagt man, daß vor Alters die austrasischen Könige einen Hof daselbst gehabt, und besonders in der angenehmen Jahrszeit, und wenn Lächse gefangen wurden, vielfältig von Metz den Rhein herauf dahin geschiffet sein: Jenen Königshof erhielt Erzbischoff Reinold von Dasselle nachher vom Kaiser Friedrich I. zum Geschenke. Erzbischoff Friedrich I. umgab, nachdem er im J. 1109 die schismatischen Anhänger des entthroneten Kaisers Heinrichs IV. bei Andernach zerstreuet hatte, den Ort mit Mauern, bevestigte denselben gegen künftige Ueberfälle, und versah ihn mit herrlichen Privilegien. Im J. 1496 rebellirten die Bürger gegen ihren Erzbischoff Hermann von Hessen, und zwangen denselben, sie mit den Waffen in der Hand ihre Pflicht zu lehren. Denn, wie sehr auch das frische Andenken an die Geschichte des gutherzigen, aber unrecht berathenen Roprechts, manches Patrioten Herz gegen jenen Hermann, seinen Folger, verschliessen mogte, so war er doch nun der wirkliche Herr, auch der unglückliche Roprecht seiner langen und harten Gefangenschaft auf dem heßischen Schloße Blankenstein durch einen seligen Tod entronnen u. s. w. Im J. 1632 wurde Andernach von dem schwedischen General Baudißin erobert und geplündert, im folgenden Jahre aber, nachdem erst die Kaiserlich Spanischen es vergeblich belagert hatten, wieder freiwillig verlassen. Im J. 1688 machten die Franzosen sich Meister davon, zogen aber im folgenden Jahre, mit Hinterlassung entsezlicher Fußtapfen, wieder ab. Noch erzählet sich der gemeine Mann in Andernach eine Mähre, wie einstens (in den Zeiten des Faustrechtes oder wanitehe? weiß ich nicht) ihre Stadt in einer erschrecklichen Fede gegen ihr nachbarliches Linz ausgezogen wäre. Da habe es sich zugetragen, daß ihre Vorfahren bei nächtlicher Weile von den Linzern im Lager überfallen, und zum Theile zermezzelt, zum Theile aber zerstreuet worden wären. Die Flüchtigen hätten sich gleichwohl wieder zusammen gerafft, erholet, und ihre Feinde mit offener Schlacht angegriffen, worinn sie einen totalen Sieg über dieselbe erhalten hätten. Noch, sagt man, daß zu Andernach jährlich ein Seelenamt für die Väter, welche in jener fatalen Nacht so lumpicht und unerwartet ihr Ende gefunden haben, gehalten werde. Auch solle noch lange Zeit den Andernachern diese, von ihren Nachbarn begangene Hinterlistung so wehe gethan haben, daß weder ein Andernacher Mädchen einen Linzer Jungen, noch ein Andernacher Junge ein Linzer Mädchen habe heurathen wollen.

Stoff

Stoff zu einer Ballade für einen vaterländischen Dichter! —

Die Stadt ist übrigens mit einem Rheinzolle, einem Franciskaner- und zwei Nonnenklöstern versehen, und gehöret in geistlichen Dingen unter die Gerichtsbarkeit des Erzbischoffes von Trier, von dessen Residenzstadt Koblenz sie nur drei Stunden weit entfernt lieget. Noch ist merkwürdig bei diesem Orte, daß immer neben einem Burgermeister bürgerlichen Standes ein anderer aus der Ritterschaft sizze, woher in landesherrlichen Anschreiben jedesmal die Aufschrift: Unsern lieben Getreuen Ritter, Scheffen, Burgermeister, und Rath unserer Stadt Andernach gebraucht wird; da alle andere Städte des Erzstiftes ohne Unterschied einzig das Prädikat: Burgermeister, Scheffen und Rath, erhalten. Auch das dasige kurfürstliche Gericht bestehet ursprünglich aus theils ritterbürtigen, theils bürgerlichen Schöppen, und führet daher den Namen des Rittergerichtes zu Andernach, ein Beiwort, welches bei sonstigen Gerichtern im Erzstifte nirgends vorkömmt, obgleich aus den Alterthümern der teutschen Schöppengerichts-Verfassung bekannt ist, daß ehedem nirgendwo ein Schöppe zur Gerichtsbekleidung, ohne Aufweisung einer gewissen Zahl von Ahnen, angenommen wurde. Nun werden zwar noch izt immer zu Andernach Ritterbürtige zur adelichen Schöppenbank gewählet; allein schon lange ist es aus der Mode gekommen, daß diese den Sizzungen

D 3   im

im kurfürstlichen Schöppenstule oder im Rathe wirklich mit beiwohnen.

2) Zu Andernach gehören die umliegenden Dörfer Mysenheim, Kehl und Namedi. Um Mysenheim und in den Gegenden des nahe gelegenen trierischen Städtchens Meyen wird ein vulkanischer Stein gebrochen, der, zu Mühlsteinen verarbeitet, in die entferntesten Gegenden verführet, und einen der wichtigsten Handelsprodukten des Erzstiftes ausmachet.

Kehl ist durch die nahe gelegenen Tönnisstein und Heilbrunnen (acidulæ Antonianæ, Tonhersteinenses, Tillerborn ꝛc.) berühmt. Ersterer hat vor vielen andern Sauerwassern dieses besonders, daß er, sowohl mit Wein vermischet, als allein getrunken, ungemein angenehm schmecket; auch mehrere Jahre, ohne diesen Geschmack oder seine Kräfte zu verlieren, verwahret; ja, wie die Probe oft gemacht ist, in Sina eben so schmackhaft als an der Quelle selbst getrunken werden kann. Andere ziehen doch, was den Geschmack betrift, den Heilbrunn, wegen seiner sanftern Mineralkraft, zum gewöhnlichen Trinken vor.

Bei diesen Sauerbrunnen liegt in einer sehr romantischen Gegend zwischen Bergen ein ansehnliches Carmeliten-Kloster. Kurfürst Clemens August hat eine herrliche Kapelle dabei erbauet, und nichts gesparet, um den Ort bequem und angenehm für

Brun-

Brunnengäste zu machen, woran es demselben doch immer noch gefehlet hat. Der Hof hat einen Verwalter da, und es wird jährlich eine ansehnliche, noch immer sich vermehrende, Menge Krüge verführet.

Von Namedy sagen verschiedene kölnische Geschichtschreiber, die aber bekanntlich eine ausserordentliche Vorliebe zu frommen Mährchen haben, daß daselbst Kaiser Constantin der G. das Zeichen, welches er bei Sinzig (Sinzeiche in alten Urkunden, von Sehen und Zeichen wie sie sagen) am Himmel gesehen haben solle, zuerst auf die römischen Fahnen habe sezzen lassen, woher dem Orte sein Namen (*Name Dei*) gekommen sei.

3) In der Gegend um Andernach ist übrigens noch berühmt, die Benediktiner Abtei zum Lach oder Klosterlach genannt, und von Heinrich Pfalzgrafen bei Rhein und Domino de lacu im J. 1093 gestiftet und dotiret. Obwohl nun dieselbe eigentlich auf der Gränze des Erzstifts Trier lieget, und desselben Landeshoheit unterworfen ist; so wird es dennoch nicht unangenehm sein, hier ein Paar Worte von dem dabei befindlichen stehenden See (woher ihr auch der Name Lach, Lacus kömmt) zu lesen.

An der Stelle, welchen heutzutage dieser See einnimmt, solle, wie sich die Bauersleute in der Gegend erzählen, vor Zeiten das Kloster gestanden haben,

haben, und wegen dem unchristlichen Lebenswandel seiner Mönche versunken sein. Da wohl selten eine Tradition des gemeinen Volkes ganz ohne Grund zu sein pfleget, und die Gegend, wovon die Rede ist, überhaupt in ihren Laven und sonstigen, unläugbar vulkanischen Produkten die deutlichsten und bündigsten Beweise von ehemaligen sehr schreckbaren Revolutionen ihres Bodens enthält: so wird es sehr wahrscheinlich, daß jener See sein Dasein, so wie mehrere seines gleichen in andern Gegenden, von einem ehemaligen unterirdischen Brande, Erdbeben u. dgl. herleite. Der Boden desselben, so wie jener einer beträchtlichen Strekke umher, bestehet aus einem schwarzen und glänzenden Sande, welcher vom Magnet angezogen wird. Er nähret die schmackhaftesten, und mit keinen andern im ganzen Lande zu vergleichenden Fische fast jeder Art: Nur hat man bisher den Karpfen darinn nicht zum Laichen bringen können.

4) Nicht so weit von Andernach, und noch im Kölnischen liegt das adeliche Nonnenkloster St. Thomas, Augustiner Ordens, welches unter die seltenen gehöret, worinn sich der Adel noch unvermischt erhalten hat, und worinn eine solche Ordnung, Lebensart, Gastfreiheit und Leutseligkeit in der Aufnahme und Behandlung der Fremden herrschet, daß man ihm zu Gefallen sich in unsern reformationsseligen Zeiten fast mit dem Nonnen- und Mönchengeschlechte wieder aussöhnen mögte. Die Einkünfte desselben sind sehr beträchtlich.

5)

5) Bei den Dörfern Jornich und auf der Broel landeinwärts, als zu Burgbroel und Tönnisstein; item auf der Broeler Bach; weiter bei Wehr und der Abtei Lank, zu Kruft, zu Bleidt und Kräs im Trierischen bricht der berühmte kölnische Traß- oder Duckstein, ein unverkennbares Produkt feuerspeiender Berge, welche in den ältesten Zeiten in diesen Gegenden müssen gebrannt haben. Die meisten alten Kirchen, Häuser und Mauern in Köln, Bonn und andern Städten am Niederrheine sind von diesem Steine gebauet: und erst in neuern Zeiten hat man hier angefangen, denselben gegen den Ziegelstein zu vertauschen, und ihn blos, gemahlen und mit Kalch vermischt, als einen Mörtel anzuwenden. Dieser Mörtel ist besonders für Wassergebäude, und wird daher von den Holländern häufig gebraucht, welche eine sehr grosse Menge jener Steine jährlich bei den Gruben holen, und den übrigen Theil davon, gemahlen, an andere Nationen, sogar nach Amerika und Ostindien, wieder verführen. Auf der Broel kostet der Wagen, zu 14 Malter gerechnet, ohngefähr 3 Rthlr.; zu Köln schon über 6 Rthlr.; und in Holland nie weniger als 28 Gulden. Die Lage dieses Steines unter der Dammerde ist so verschieden als seine Mächtigkeit. Jene ist gemeiniglich 11 — 18; und diese 8 — 16 und mehr Schuhe. Man hat ihn ehemals zu Tage ausgehen gefunden, woher dann vermuthlich auch unsere Vorfahren so wenig sparsam in Verwendung desselben gewesen sein mögen. Heutzutage wird er mit

Keilen und Schießpulver gesprenget. In keiner andern hiesigen Gegend findet man Spuren eingegangener Gruben davon, und müssen also wohl sogar die alten Römer und Ubier die angeführten schon benuzzet haben.

6) Eine Stunde von **Andernach**, den Rhein hinauf, stehet der sogenannte weiße **Thurm**, die Gränzescheidung der beiden Erzstifter **Köln** und **Trier**. Auch hier bricht ein schwarzer poröser und sehr harter Stein, dem man seine Herkunft aus einem feuerspeienden Berge auf den ersten Blick ansieht. Er wird gleichfalls zum Bauen in dieser Gegend verwendet, ist aber weiterhin fast gar nicht bekannt, wie er es doch, und vielleicht eben wie der Duckstein, verdiente. Er läßt sich mit dem Beil sehr leicht in verschiedene Formen schlagen, welche Eigenschaft ihn vorzüglich zum Gewölben-Bau tauglich machet.

7) **Bochholz** und **Niederweiler**, **Ollbrück**, **Saffig**, **Walldorf** und **Wehr** sind Herrlichkeiten oder Unterherrschaften in diesem Amte.

8) Die adelichen oder Rittersizze, welche darunter sich theilen, enthält unten das Verzeichniß (D).

Hierauf folget, nach der gewählten Ordnung, das

Amt

Amt Aldenar.

Darinn kömmt vor 1) Arweiler eine erzstiftische Stadt am Flusse Ar in einer weinreichen Gegend gelegen. Jener Fluß entspringet in der Eiffel, nimmt unterwegs einige kleine Wässer auf, wodurch er doch keine Schiffbarkeit erhält, und fällt bei Linz (wovon unten) in den Rhein. Zum Stadtvogt oder Gerichtsvorsizzer daselbst wird immer einer vom Adel genommen, der aber diese Bedienung dermalen immer durch einen Unadelichen versehen läßt. Der sogenannte Thurm vor der Stadt Arweiler ist ein gräflicher Siz, welcher seinen Besizzer (dermal den Herzogen von Aremberg und Croy) zum Sizze auf der Grafenbank bei erzstiftischen Landständen qualificiret. Mit demselben ist der Thurm in der Stadt Arweiler (ein gewöhnlicher Rittersiz) nicht zu vermischen. Von den Schicksalen dieser Stadt haben die Jahrbücher des Erzstiftes wenig besonders aufbewahret.

2) Aldenar, ein Flecken, wovon das Amt seinen Namen hat, gleichfalls an jenem Flusse gelegen.

3) Die Herrlichkeiten Wensberg und Hersbach, Kirchsahr, Sahr, Lind und Vischel.

4) Die in dies Amt gehörigen adelichen Sizze, und

5)

5) Sonstige Dorf- und Ortschaften kommen unten in den Verzeichnissen (D) und (B) vor.

Jenseits des Rheines, diesem Amte gegenüber liegt das

Amt Linz und Aldenwied.

Es enthält 1) die erzstiftische Stadt Linz, welche Erzbischoff Heinrich von Virnenburg im J. 1330 dazu erhoben, und, nebst Urdingen mit Mauern umgeben hat, eben um die Zeit, da er das Schloß zu Lechenich zu bauen angefangen. Jenes Linz bevestigte durch ein solches Schloß im J. 1365, Erzbischoff Engelbert, theils um die unruhigen Andernacher von da aus im Zaume zu halten, theils zum Schuzze und Behufe der dasigen Zollstätte: denn es wird hier einer der kurfürstlichen Rheinzölle erhoben, dessen halben jährlichen Ertrag aber das Domkapitel zieht. Wer den Ort im J. 1366 eingenommen und geplündert (wie die Limburger Chronik haben solle) ist mir unbekannt. Im J. 1475 eroberte es Karl von Burgund, der treue, doch eigennüzzige, und am Ende ohnmächtige Bundsgenosse und Beschüzzer des obgenannten unglücklichen Erzbischoffs Ruprechts von Köln; im J. 1632 aber der schwedische General Baudißin. Im J. 1688 nahmen es die Franzosen in Besiz, welchen aber der kaiserliche Obrist Hartingshausen es im folgenden Jahre mit List wieder entzog. Während der Truchsesischen Unruhen

ruhen hat Linz nebst dem nachbarlichen Unkel, womit es eine Vereinigung eingegangen war, sich durch seine muthige Widersezzung gegen den entsezten Erzbischoff berühmt gemacht. Erpel, welches mit in dieser Vereinigung war, blieb nicht so standhaft. Linz liegt übrigens auf einem ziemlich hohen Hügel, wovon man die angenehmste Aussicht in die schöne, und durch ihren guten Weinwachs vorzüglich berühmte, Gegend geniesset. Es ist ein Kapuciner- und ein Nonnenkloster daselbst.

2) Die Herrlichkeit Datrenberg und Lahr, so wie Erpel, (nebst einem Fleckstädtchen, dem Domkapitel in Köln zuständig) und Schönstein.

3) Die adelichen Sizze, und

4) Die Dorf- und sonstigen Ortschaften dieses Amtes suche man unten in den genannten Verzeichnissen (D) und (B).

Hierauf kömmt, wieder diesseits des Rheines, das

Amt Nurburg

Mit welchem das Erzstift Köln zunächst an die gebirgigten und rauhen Gegenden der Eiffel gränzet. Reiche Eisen- und Bleiadern halten jene Gegenden für den mildern Blick der Sonne schadlos, welcher die Nachbarschaft erwärmet und befruchtet.

Auch

Auch ist das Amt eigentlich nicht unfruchtbar, sondern hat einen ausserordentlich tauglichen Boden für die Haver-Saat, womit es die Gegenden, welche ihm seine andern Bedürfnisse liefern, häufig versorget. Auch ersezt die Industrie der Einwohner zum Theile das, was die Natur, so zu sagen der Nachbarschaft verlieh. Es begreift

1) Adenau, einen Marktflecken, der ein Franciskaner-Kloster und viele Wollenweber-Stüle im Gange hat, welche besonders Waare, wie sie der Landmann und die mittlere Klasse von Leuten brauchet, liefern, und also viel Geld im Lande erhalten.

2) Baarweiler, ein Dorf mit einem Gnadenbilde, zu welchem häufig gewallfahrtet wird, und das also wieder in der Gegend, wohin sonst der Zufluß des Geldes sehr mittelmäßig sein müßte, am rechten Orte stehet.

3) Die Herrlichkeiten Kaldenborn und Kallreifferscheid. (Man bemerke, daß sogar die Namen der Oerter den in dieser Gegend wohnenden Winter anzeigen.)

4) Adeliche Sizze darinn, besaget das Verzeichniß (D) und

5) Sonstige Dorf- und Ortschaften die Verzeich=

zeichnisse (B) und (C). Man ergänze hier das eine aus dem andern.

Weiter von der **Eiffel** entfernet sich das

Amt Hardt.

Darunter theilen sich 1) die Herrlichkeiten: **Antweiler, Arlof** und **Weingarten, Klein-Bullesheim, Esch, Marmagen** und **Wahlen, Sazfey, Weyer** und **Zingsheim.**

2) Die adelichen Sizze, siehe unten (D).

3) Die Dorf- und sonstige Ortschaften, siehe unten (B).

Wir kommen zu dem

Amt Reinbach.

Dasselbe enthält 1) die Stadt, wovon es den Namen führet, und welche andere **Rinbach,** von **Rinnen** (lateinisch (Rhenobacum) nennen. Dieselbe gehörete zu der ehemaligen Grafschaft **Hochsteden** an der **Ar,** welche Erzbischoff **Cunrad,** aus dem Geschlechte jener Grafen, seinem Erzstifte **Köln** geschenket hat. Erzbischoff **Walram von Jülich** lösete den Ort, nachdem er viele Jahre hindurch verpfändet gewesen war, im J. 1340 mittelst einer beträchtlichen Summe Geldes wieder ein,

und

und bevestigte ihn mit Mauern und Thürmen. Man sieht hier Ueberbleibsel eines verfallenen Kanals, welchen man für die alte, von den Römern angelegte Wasserleitung hält, welche von Köln bis in die Eiffel, und von da weiter bis nach Trier gegangen sein solle. Wie viel oder wenig eigentlich an der Geschichte dieser Wasserleitung wahres sei, gehöret nicht hieher zu untersuchen: Spuren davon will man noch finden: zu Schleifskoten, westwärts bei Köln; zu Efferen; Hermülheim; Fischenich; Bischofsmaar; Lohemühl bei Bruel; bei dem Walberberg, wo ein gepflasterter gerader Weg ist, Renngaß genannt, der vielleicht, wie das Schloß Rendorf vom Rinnen des Kanals seinen Namen hat; zu Merten; Roesberg; Rardorf; unter Hemmerich zwischen Waldorf und Brenich; in dem Hoverwald hinter Alfter bei dem sogenannten eisern Mann; bei dem Schlosse Buschhoven, Morrenhoven im Rottenforst, auf dem Wege, welcher von Oedinghoven nach dem Kloster Rapellen und Dunzighofen führet, zwischen Lüftelberg und Flamerzheim; bei Weingarten; Rastenholz; Antweiler; und von da an dem Flusse Vey zu Sasvey; Rasvey; Burgvey; Orvey; Jservey; Weyer; Kall oder Kallmuth; Heister; Keldenich; Steinfeld; Marmagen; Schmiedheim; durch den Millerwald.

2) Die Stadt Meckenheim: wenigstens folge ich hier lieber dem Verzeichnisse (C), welches
die=

dieselbe unter Reinbach sezzet. Sie soll ein Geschenk der sogenannten Königinn Richezza von Polen sein. Erst im J. 1636 erhielt sie Stadtrechte, und litte im J. 1645 vieles von den Hessen.

3) Die Herrlichkeit Sürsh. Was nu[n] aber

4) und 5) die adelichen Sizze und Dorfschaften betrift; so haben die Verzeichnisse (B) und (D) dieselbe unter die nachbarlichen Aemter vertheilet, und thun überall eines Amtes Reinbach keine Erwähnung. Dagegen giebt das Verzeichniß (C) hier einige Auskunft.

Der Boden dieses Amtes ist fruchtbar, und nur, je nachdem er sich der Eiffel nähert, undankbaret. Weiter fort, aber wieder nach dem Rheine zu, folget das

Amt Godesberg und Mehlem.

Darinn kömmt vorzüglich, um von oben anzufangen, zu bemerken 1) die Stadt Unkel, welche am rechten Ufer des Rheines liegt. Die Geschichte hat uns nicht viel besonders von diesem Orte aufbewahret. Vermuthlich hat er viele ähnliche Schicksale mit denen, ihm benachbarten, Oertern gehabt, wovon wir mehr wissen. So wurde es zu des Truchseſius Zeiten einmal belagert, trieb aber den Feind, mit Hülfe der Linzer (s. oben Linz)

E glück-

glücklich ab u. s. w. Sein Name ist indessen durch den treflichen Wein, welcher in der Gegend wächst, und durch den merkwürdigen schwarzen **Basaltstein**, der, weil es hier ganze Berge davon giebt, überall im Lande **Unkelstein** genannt, bekannter. Mächtige Stükke dieser Steinart liegen über dem Orte im Rheine, worunter Einer (der auch Vorzugsweise der **Unkelstein** heißt) die Schiffahrt ziemlich erschweret. Herr **Collini** hat zuerst in seiner Reisebeschreibung durch jene Gegend etwas ausführliches über diesen Basalt gesagt, und Gründe für und wider die Vermuthung angebracht, daß er ein vulkanisches Produkt sei. Er bricht in dicht neben einander stehenden fünf- und sechseckigten Säulen, die als Wehrsteine, Bänke u. dgl. gebraucht werden. Unförmliche Stükke davon legten schon die Alten als Grundwerk in die Mauern, und noch heutzutage werden dieselbe häufig dazu, auch zum Straßenpflaster ec. verwendet, und daher zu Wasser stark verführet. Das Bett des Rheines ist, noch bei **Bonn** und weiter herunter, voll von solchen Stükken, welche man bei niedrigem Wasser leicht herausholet.

Gleich unterhalb **Unkel** liegen 2) die Dörfer **Rheinbreitbach** und **Scheuren**, deren Einwohner mit den Einwohnern von **Unkel** die Burgerschaft dieser leztern Stadt ausmachen. **Rheinbreitbach** ist der beiden, dabei befindlichen, Kupfergruben halber merkwürdig. Eine zwar, oder das sogenante **Hackswerk** stehet seit verschiedenen

Jahren

Jahren stille. Die andere heißt das St. Josephs⸗
werk, und hält sich noch immer im Gange, wie⸗
wohl die Außbeute in den leztern Jahren nachzulassen
angefangen hat. Die Gegend um diesen Ort hat
übrigens noch einen vortreflichen und haltbaren
Bleichart, der neben seinem Nachbar zu Erpel
stehen darf. Lezterer Ort liegt gleich oberhalb Un⸗
kel. Der beste Wein wächst auf einem Felsen von
Schieferstein, der die Erpeler Ley genannt wird.

Unterhalb Breitbach, ohngefähr dem Bergi⸗
schen Flecken Honnef gegenüber, liegt auf dem
Rheine 3) die Inhsel Rolandswerth, auch
Nonnenwerth genannt, von dem Nonnenkloster
Benediktiner Ordens, welches Erzbischoff Friedrich
I. im J. 1120 auf demselben erbäuet und gestiftet
hat. Ihm gegenüber auf dem linken hohen Ufer
des Rheines oder Rolandseck finden sich noch
Trümmer eines alten Schlosses, das zu jenes Frie⸗
drichs I. Zeiten schon zerfallen gewesen, und von
demselben wieder in den Stand gesezzet worden ist.
Denn, daß dasselbe, nebst dem Schlosse Drachen⸗
fels (s. unten) von einem sichern Erzbischoff, der
sein Harem in dem Kloster Nonnenwerth gehabt
haben solle, zur Beschüzzung seiner geistlichen Freude⸗
tüchtern, angeleget worden sei, ist wohl ein Mähr⸗
chen.

Weiter herunter am Fusse des sogenannten
Siebengebürges liegt 4) Königswinter, ein
ansehnlicher Flecken, und durch die sogenannten

E 2   Hau⸗

Hau- oder **Königswinter-Steine**, welche auf jenem Gebürge gebrochen und bei diesem Orte zu vielerlei Gebrauche verarbeitet werden, bekannt. Die namhaftesten der sieben Berge sind: **Drachenfels, Wolkenburg, Löwenburg**, und **Stromberg**. Auf allen entdecket man noch Spuren alter Schlösser, wovon man vermuthet, daß sie im J. 368 Kaiser **Valentinian**, nebst andern auf beiden Rheinufern, erbauet habe. **Drachenfels** und **Wolkenburg** sind nachher, nebst dem angeführten **Rolandsecke** von dem Erzbischoffe **Friedrich I.** welchen der Kaiser **Heinrich V.** mit einem zahlreichen Heere heimsuchte, hergestellet worden. Dieser Erzbischoff **Friedrich I.** starb im J. 1131 auf dem gedachten Schlosse **Wolkenburg**, und liegt in dem Kapitelhause zu Siegburg begraben. Das Schloß **Drachenfels** schenkte um 1138 Kurfürst **Arnold I.** dem Probste **Gerhard** von **Bonn** und dessen Nachfolgern. Von diesen kam es in der Folge, nebst dem darzu gehörigen sogenannten **Ländlein**, an ein adeliches Geschlecht, wovon mehrere Glieder unter dem Namen der **Burggrafen in Drachenfels** vorkommen, und dessen lezterer Zweig **Appollonia, Theodors, Burggrafen in Drachenfels Tochter**, dasselbe durch ihre Vermählung mit **Otto Wallbot von Bassenheim** im J. 1580 an lezteres Haus brachte, und sofort die Zertheilung desselben in die drei Linien von **Bassenheim, Ollbrück** und **Goudenau** veranlaßte.

Der

Der Stromberg heißt izt Petersberg, und hat eine Kapelle auf seinem Gipfel, wohin zu Zeiten gewallfahrtet wird. Unter dem Erzbischoffe Bruno II. baueten sich unter Anführung eines andächtigen Bruders Walter einige Augustiner Mönche darauf an. Jener starb am 27 Febr. des J. 1136, worauf im J. 1188 Erzbischoff Philipp von Heinsberg ein Theil Mönche aus dem Kloster Hemmenrode dahin, und somit die ersten Mönche des Cistercienser Ordens in das Erzstift, brachte. Jenen stand der Stromberg vermuthlich nicht ganz an, weshalben sie ihn nach vier Jahren wieder verliessen, und in das nahegelegene Thal Heisterbach wandelten, woselbst noch ihre Abtei steht.

Am linken Ufer des Rheines, aber noch eine ziemliche Strecke vom Strome, und von Bonn noch eine gute Stunde erferner, steht 5) der Godesberg, mit ansehnlichen Trümmern des Schlosses, welches Erzbischoff Theodorich im J. 1210, um sich gegen päbstliche Gewaltthätigkeiten und das Eindringen seines zweiten Vorfahrens zu schüzzen, gebauet; Herzog Ferdinand von Baiern aber am 17 Decemb. des J. 1563 gesprenget und mit stürmender Hand eingenommen hat. lezterer hat einen schwarzen Marmor, welcher sich nach der Sprengung zu oberst auf der zersprengten Mauer gefunden, mit der Inschrift: ANNO DNI MCCX GVDENBERG FVNDATVM E. A. TEODERICO Epo. I. DIE MAVROR: INR., mit nach München genommen, wo er noch in dem dortigen Kurfürstl.

Antiquario vorhanden ist. Aus einer andern ausgegrabenen Steinschrift erhellet, daß zu der Ubier Zeiten auf diesem kleinen Berge oder Felsen ein Fanum, dem Gotte Merkur, Godes oder Wodan geheiliget, gestanden habe, woher also der Namen Godesberg seinen Ursprung herleitet.

Am Fusse des Berges liegt das Dorf gleiches Namens, und hinterhalb demselben in einem Wäldchen 6) das Kloster Marienforst Brigitten Ordens, welches im J. 1428 Erzbischoff Theodorich von Moeurs erbauet hat, und worinn Mönche und Nonnen beisammen leben. Mehr herauf kömmt man in das Dorf Mehlein, wovon zum Theile das Amt seinen Namen hat.

Merkwürdig ist noch auf dem Wege von Godesberg nach Bonn das 7) sogenannte Hochkreuz, ein Monument im gothischen Geschmacke, wovon der gemeine Mann (doch zuverläßig ohne Grund) sagt, daß da der Marktplaz des ältern Bonns gewesen sei; wovon aber ein nun verlorenes Missale in der Dorfkirche zu Friesdorf erzählet haben solle, daß ein sicherer von Hochkirchen auf dieser Stelle einen Ritter im Duell erleget habe, und daher zur Strafe für diese That vom Erzbischoffe Theodorich von Heinsberg verdammet worden sei, das Kreuz hinzusezzen. Es habe eigentlich sonst das Hochkircher Kreuz geheissen ꝛc. Die alte kölnische Chronik erwähnet desselben mit folgenden Worten: „Um die Zeit
„von

„von 1333 richtete Kurfürst Wallram von Jü-
„lich das grosse Kreuz zwischen Bonn und Godes-
„berg auf."

Herrlichkeiten in diesem Amte sind 8) das ländlein **Drachenfels** (welches aus den Ortschaften **Bisheim, Berkum, Ober-und Unterbachum, Rurighoven, Liessem, Zullighoven** und **Gimmerstorf** bestehet) **Königswinter** (wozu der ansehnliche Flecken dieses Namens gehört) und **Wolkenburg.**

9) Adeliche Sizze und 10) übrige Dorf- und Ortschaften siehe in den Verzeichnissen (B) und (D).

Unmittelbar nach diesem Amte folget das

Amt Bonn.

Dieses Amt enthält, laut des, im J. 1669 errichteten Descriptionsbuches oder Katastrums, Ländereien.

	Morgen.
An kurfürstl. Tafelgütern	318
Einem hochw. Domkapitel	367¼
Der Geistlichkeit	3514
Gräf- und adeliche Ländereien	1908¼
Gräf- u. adelicher Sizzen Ländereien	898¼
Städt. u. bürgerliche Ländereien	1262¼
Hausmanns- u. Bauern-Ländereien	4478½
Zusammen	12747½

Daſſelbe wird in folgende ſieben Diſtrikte eingetheilt, deren Umfang nämlich die Criminal-Jurisdiktion des hohen Gerichtes zu Bonn beſtimmt. 1) Der **ſtädtiſche Bann**, welcher in ſeinem Umkreiſe die Dörfer **Dransdorf** und **Graurheindorf** ober dem Bache einbegreifet. 2) Der **Kurfürſtliche Dingſtul Dottendorf**, begreifend die Dörfer **Keſſenich, Dottendorf** und **Friesdorf**. 3) Die probſteiliche **Herrlichkeit Endenich**, begreifend die Dörfer **Popelsdorf, Endenich, Jppendorf** und **Eichholz**. 4) Der kurfürſtliche **Dingſtul Duſtorf**, begreifend die Dörfer **Duſtorf, Langsdorf, Masdorf, Oedekoven, Leſſenich, Röttchen, Nettekoven,** und **Jmpekoven**. 5) Der kurfürſtliche **Dingſtul Widdig**, begreifend die Dörfer **Büſchdorf, Uedorf, Herſel, Oberweſſeling, Urfel, Widdig** und **Graurheindorf** unter dem Bache. 6) Das kurfürſtliche **Gericht Buſchhoven, Mohrenhoven** und **Mettekoven**. 7) Der kurfürſtliche **Dingſtul Walldorf**, begreifend die Dörfer **Walldorf, Kadorf** und **Hemmerich**.

Der ſtädtiſche oder Bonner-Bann war, laut des obangezogenen Deſcriptionsbuches, damals geſchäzzet

An Häuſern zu . . . . 119027 Rthlr.-
An Weingärten . . . . 42039 —
An Gärten . . . . . 3845 —

An

An Baumgärten - - - 2175 Rthlr.
An Wiesen und Broichland   3426 —
Für 1293 Morgen Artland,
 der Morg. à 200 fl. - 172400 —

Außschließlich jedoch aller geiſtlich-gräflich und adelicher Güter.

Dies Amt nun enthält 1) die kurfürſtliche Reſidenzſtadt **Bonn**. Dieſelbe kömmt ſchon beim *Tacitus* (Hist. lib. 4. C. 20. &. 25. *Item*, lib. 5. C. 22.) unter dem Namen Bonna und Bonnensia castra vor, und mag mit Andernach und mehr andern Städten einerlei Urſprung haben. Druſus legte eines von den fünfzig Caſtellen, wodurch er ſeinen Zug durch Teutſchland verewiget hat, hieſelbſt, und gleich oberhalb eine Brücke über den Rhein an. Auch iſt an dieſem Orte zwiſchen Kaiſer Heinrich dem Vogler und König Karl dem ſimpeln von Frankreich das bekannte Bündniß errichtet und auf dem Rheine beſchworen worden. — Im J. 942 wurde unter dem Erzbiſchoffe Wigfried eine groſſe Kirchenverſammlung darinn gehalten. — Im J. 1240 umgab Erzbiſchoff Kunrad von Hochſteden denſelben mit Mauern, erhub ihn zu einer Stadt, und verſah dieſe ſofort mit anſehnlichen Freiheiten. — A. 1254-1256 trat dieſelbe zu dem berühmten Bündniſſe der 66 Hanſee-Städten. — Im J. 1768 ſchlug Kurfürſt Engelbert II. von Valkenburg, nachdem er bei einem Aufſtande aus Köln hatte weichen müſſen, ſeine Reſidenz darinn auf:

auf: diese ward in der Gegend des sogenannten Mülheimer Thürchen angelegt, nachher aber gegen eine andere verlassen, welche Kurfürst Valentin zwischen dem Stockheimer-Thor und alten Zolle erbauete. — Im J. 1583 den 2 Febr. ließ sich Erzbischoff Gebhard Truchsesius daselbst seine geliebte Agnes von Mansfeld antrauen. — Im J. 1584 gieng die Stadt, nach einer langen Belagerung, an ihren neuen Erzbischoff Ernst von Baiern mittelst Kapitulation über. — Im J. 1587 den 22-23 December bemächtigte sich Schenk durch List derselben. — Im J. 1589 fieng obgedachter Ernst von Baiern an, durch seine Spanier, vom Bonnerberge und der Seite des Wichelshofes die Stadt beschiessen zu lassen, und bekam sie sofort am 28 Sept. zum zweitenmale durch Kapitulation ein. — Im J. 1634 legte Kurfürst Ferdinand eine neue Residenz an, wovon der sogenannte alte Bau vor dem leztern Brande ein Ueberbleibsel war. — Im J. 1673 den 5 Nov. fiengen die vereinigten Holländer, Spanier und Kaiserlichen eine abermalige Belagerung an, und bekamen am 13; so wie am 5 Oktober 1689 **Friedrich Wilhelm von Brandenburg** an der Spizze der kaiserlichen, brandenburgischen, holländischen und münsterischen Völker; und endlich am 19 Mai 1703 die Alliirten unter Anführung der Generäle **Marlborugh, Opdam** und **Cohorn** die Stadt, jedesmal mittelst Kapitulation, und da jedesmal eine französische Besazzung darinn lag, ein. Bei diesen leztern beiden Belagerungen wurde Bonn entsezlich

lich bombardirt, und beinah ganz in einen Aschenhaufen verwandelt, woher so wenig alte Häuser darinn dermal vorkommen. — Im J. 1717 ließ Kurfürst **Joseph Clemens** die Vestungswerker auswärts und oberhalb der Stadt Vertrag-und Friedensschlußmäßig schleifen, und legte am 24 August des nemlichen Jahres den ersten Stein zu der prächtigen Residenz, welche im folgenden Jahre angefangen; unter seinem Nachfolger **Clemens August** fast vollendet; und am 15 Jänner 1777 durch eine unversehene Feuersbrunst zum Theile wieder in die Asche gelegt worden, doch nun von **Max Friedrich** wieder hergestellet wird.

Diese Stadt liegt in einer der angenehmsten und fruchtbarsten Gegenden, die sich denken lassen. Sie ist nicht groß, aber niedlich, und nach Verhältniß sehr volkreich: denn gewöhnlicher Weise stehet nicht nur kein Haus, sondern kaum einmal ein Stockwerk in einer abgelegenen Gasse leer. Die ganze Summe der Einwohner soll inzwischen nur an 11000 kommen, worunter 900 Handwerksmeister gerechnet werden. Das einzig Schusteramt bestehet aus 92 Meistern, 1 Wittwe, 10 Altflickern, 13 Privilegirten, mithin ohne die Pfuscher aus 116 Haushaltungen. Das Schneideramt zählet 80 Meister u. s. w. Nimmt man nun an, daß jeder Meister seine Haushaltung habe, und rechnet auf die Haushaltung fünf Menschen, so erwächst eine Summe von 4500. Nun jedem Meister nur Einen Gesellen oder Lehrjungen gegeben, und noch

Hun-

Hundert unter sie alle getheilt, kommen überhaupt noch tausend solcher Handwerksgenossen heraus, welche zu obiger Summe von 4500 addirt, just die Hälfte der ganzen Einwohnerschaft herausbringen. Nun ist freilich nicht zu läugnen, daß, da häufig Meister von Einem Handwerke ihre Kinder zu Meistern eines andern Handwerks in die Lehre geben, in jener Rechnung mancher Kopf doppelt vorkomme. Dagegen ist die Volksmenge auch noch nicht ganz 11000, und der Anschlag von 1000 Meistersgehülfen fast gar zu mäßig. Die andere Hälfte der Einwohner bestehet gröstentheils aus Leuten, welche zum Hofe des Fürsten gehören. Handel ist fast gar keiner da. Die Garnison beträgt an 900 Mann. Die städtische Burger-Verfassung anlangend, so bestehet der Rath aus vier Burgermeistern und zwölf Rathsherren. Von jenen werden immer zween aus der Burgerschaft und zween aus dem Mittel des kurfürstlichen Scheffenstules daselbst gewählet: leztere heißen die Ober- oder kurfürstlichen Burgermeister.

Um nun noch einige der vorzüglichsten Merkwürdigkeiten dieser Stadt anzuführen; so kömmt 1) die obgedachte kurfürstliche Residenz vor. Der Bau ist prächtig, und würde, wenn er nach dem Vorsazze des Kurfürsten Clemens August bis auf den Rhein fortgeführet worden wäre fast ungeheuer geworden sein. Auffallend darinn sind a) der westliche Flügel desselben, buon Retiro oder die Razze genannt, von einem ehemals auf dieser Stelle

Stelle gelegenen Festungswerke, welches diesen Namen führte. Auf derselben stehet das ungemein prächtige Bett, welches königlichen und fürstlichen Gästen eingeraumet zu werden pflegt, aber noch nie von einem gebraucht worden ist. b) Die dem östlichen Flügel, welchen der Kurfürst bewohnt, anstossenden **Gallerie- und Akademie-Säle**, welche ihren Pracht dem itzt regierenden Kurfürsten verdanken. c) Das diesen unmittelbar folgende **Naturalien-Kabinet**, dem man seine Jugend (denn auch dieses legte **Max Friedrich** und zwar erst im J. 1769 an) in keinem Stükke ansieht, und das mit Riesenschritten seiner äussersten Vollständigkeit zueilet. Nebst diesem muß hier d) der dermal im Werke seienden Anlegung einer zahlreichen und kostbaren **Bibliothek** und **Kupferstich-Sammlung** wenigstens **gedacht** werden. Diese genannten Theile des schönen Ganzen haben bei dem damaligen Brande nichts gelitten, und verdienten auch vor allen Schonung.

2) Das **Rathhaus**. Nichts besonders, aber ein schöner moderner Bau, wozu **Clemens August** am 24 April 1737 den ersten Stein gelegt, und das im J. 1781 und 82 die lezte Hand des Meisters erhalten hat, nachdem es bis daran unvollendet gestanden hatte. Die demselben gegenüber stehende Spizsäule mit einem Brunnen, der ungemein gutes Wasser giebt, dienet sehr zur Verschönerung des Marktplazzes.

3)

3) **Das Clementinische Schulhaus** oder das Akademie-Gebäude. Clemens August ließ am 11 Aug. des J. 1732 den ersten Stein dazu legen. Es hat sonst nichts besonders, als daß es an Raum und Bequemlichkeit seinem Zwecke genugthue. Bis zur Zeit ihrer Aufhebung hatten die Jesuiten, deren Kirche und Kollegium gerade gegenüber liegt, dasselbe ein. Max Friedrich stiftete die izige Akademie; und seitdem werden die fünf untern Schulen von Weltgeistlichen, die philosophische und theologische Facultäten von Minoriten, und die juristische und medicinische von theils geist- theils weltlichen Lehrern versehen.

4) **Das Zucht-** oder **Stockhaus.** Dieses ließ Clemens August in den dreißiger Jahren zu Kaiserswerth anlegen, von dannen es Max Friedrich, nachdem lezteres an Kurpfalz abgetreten werden mußte, hieher verlegte. Die Dilinquenten männlichen Geschlechts haben sonst Duck- oder Traßsteine klopfen müssen, die meistens nach Holland verführet wurden. Da aber die Holländer das Produkt, das sie bei ihrem Wasserbaue nicht entbehren können, lieber roh bei der Grube nahmen, um es auf ihren einheimischen Mühlen zu mahlen, (und es wohl gar in diesem Zustande wieder hieher zu bringen?) so ward der Debit erschweret; und man findet sich nun besser dabei, alle Delinquenten, ohne Unterschied des Geschlechtes, Wolle krazen, spinnen und stricken zu lassen.

5)

5) **Das Armenhaus.** Auch dieses errichtete Max Friedrich, und säuberte dadurch die Gassen seiner Residenz von ungestümen Bettlern. Für die Hausarmen wird wöchentlich besonders kollektirt, und, nach einem gedruckten neuern Verzeichnisse an dieselbe wöchentlich 129 Rthlr. 54 stbr. ausgetheilt.

6) **Die Judengasse.** Sie enthält 21 Häuser, worunter verschiedene sehr ansehnlich sind, und darinn beiläufig 200 Seelen. Diese Leute nähren sich hier wie fast überall. Drei Viertel des ganzen Handels sind in ihren Händen. Der jährliche Tribut dieses im ganzen Erzstifte verstreueten Volkes beträgt 1500 Rthlr.

Sonst hat Bonn a) **vier Pfarrkirchen.** Die zu St. Remigius, oder die Haupt-Pfarrkirche, hat ein vortrefliches Altarblatt, welches die Taufhandlung des fränkischen Königs Klodwigs durch den h. Bischoff, in dessen Namen die Kirche geweihet ist, vorstellet und von Spielberg gemalet ist. Die Pfarrkirche zu St. Martin ist nach Art einer Römischen Rotonda erbauet, und soll wirklich zu den Zeiten der Römer einer ihrer Gottheiten gerauchet haben. Ein einsichtsvoller Freund äussert die Vermuthung, daß eine vorlängst in Bonn ausgegrabene Steinschrift mit der Dedication: Martis militaris &c. zu diesem Tempel gehöret haben möge, und daß wegen der Aehnlichkeit der Namen lezterer nachher dem h. Martin geweihet worden sein könne u.

u. s. w. Andere halten diese Kirche für nichts als ein ursprüngliches Baptisterium, in dessen Mitte der Taufstein gestanden, und um welches in der Folge ein Kirchlein herumgebauet worden sei; dergleichen freilich in den ältesten Zeiten nicht ungewöhnlich ist. Nur läßt sich überhaupt nicht begreifen, wie dieses Tempelchen, das dicht am Ende der Stadt liegt, den ältern und neuern Verwüstungen der leztern habe entgehen können. Die beiden andern Pfarrkirchen sind die zu St. Gangolph, und die in dem freiadelich-weltlichen Fräuleinstift zu St. Peter in Dietkirchen.

Lezteres b) wurde erst unter dem Kurfürsten Ferdinand zu einem solchen Stifte erhoben, und unter Max Heinrich in die Stadt verlegt, da es vordem blos ein, auf 24 Personen gestiftetes, Benediktiner Nonnenkloster, und ausserhalb der Stadtmauern vor dem Kölnthor gelegen war. Die gegenwärtige Kirche ist unter Clemens August auf der Stelle, wo sonst eine gewisse Pauls-Kapelle, zum Queerstolz genannt, gestanden, errichtet. Daß die ehemalige Klosterkirche vor der Stadt von dem h. Matern im I. Jahrhundert dem h. Johann Baptist zu ehren erbauet, und der Plaz dazu von einem der ersten Christen in hiesiger Gegend, Theodon oder Dedon genannt (woher der Namen Det oder Dietkirchen) hergegeben worden sein solle, sieht einer frommen Legende ziemlich ähnlich. Näher scheinen mir, was den Ursprung des Namens Dietkirchen betrift, diejenigen zuzutreffen, welche demselben von

dem

dem Gotte *Dis* oder *Teutates*, welchem der Tempel vormals mag gehört haben, herleiten. — Das Stift bestehet dermalen aus 12 Fräulein, 5 Kanonikal-Präbenden, und eben so vielen Vikarien. Unter dessen Freiheiten ist die wohl die merkwürdigste, daß es jährlich um Johannis eine freie Messe auf der Immunität vor der Stadt, wo die alte Kirche gestanden, hält.

c) Das **Archidiakonalstift zu dem h. h. Caßius und Florentius** will seinen Ursprung von der freigebigen Gottesfurcht der Käiserinn Helena ableiten. Dieselbe soll nemlich im J. 316 jenen Heiligen die Kirche erbauet, und dabei ein Kloster auf 32 Geistliche gestiftet haben, das nachher, und zwar später als andere seines Gleichen, sich in ein Stift oder Kollegium abgeändert hat: wenigstens erwähnet das Testament des Erzbischoffs Bruno († 965) zuerst eines **Probsten**, da alle vorherige Urkunden denselben noch den **Abten von Bonn** nennen; und heißen die Geistlichen dieses Münsters in Urkunden aus der Mitte des zwölften Jahrhunderts immer noch *Fratres*. Dieser **Probst** ist einer der ersten Archidiakonen, welchem ein, aus 5 Christianitäten bestehender, und bis weit in die Eiffel und das Erzstift Trier sich erstreckender Distrikt untergeben ist. Er hat den Vorrang vor den Pröbsten zu St. Gereon in Köln und zu Xanten, und von alten Zeiten her nicht nur viele Adeliche zu Vasallen, sondern auch unter selbigen seine besondern Hofämter, z. B. seinen probsteilichen

F   Erb-

Erbschenk, Erbmarschall, Erbhofmeister und Erbkämmerer. Auch hält derselbe jährlich zu Anfange des Maimonats, und zwar, wie man sagt, aus Vergünstigung des Erzbischoffs Kunrad von Dassele, eine freie Messe (die Wallburgis-Messe genannt) auf dem sogenannten Münsterplazze, während welcher er drei Tage hindurch (welche in dem alten Bonnischen Scheffen-Weisthume die drei Tage seines Gerechtsams genannt werden) nicht nur die Accise von Bonn einnimmt, sondern auch eine ausschliessliche, ausgedehnteste Jurisdiktion über die ganze Stadt ausübet. Was die sonstige ansehnliche, archidiakonalische Jurisdiktion, welche derselbe das ganze Jahr hindurch durch seinen Official ausüben läßt, betrift; so giebt es Leute, welche zweifeln, ob dieselbe quoad civilia, aus einer besondern Concession herrühre, oder nicht vielmehr eine blose geistliche Erschleichung, ex antiqua coniuentia, aus den weiland frommen Zeiten her, sei; dergestalt, daß dieselbe von einem Landesherrn, den die Vorsicht in weniger fromme Zeiten gesezzet, wieder eingezogen werden könne u. s. w. Diese Leute wollen auch den obgedachten Münsterplaz nicht so schlechtweg eine Immunität genannt haben, und führen dagegen an, daß wenigstens das hohe weltliche Gericht zu Bonn Namens des Kurfürsten dreimal des Jahres eine Criminal Gerichtssizzung, das hohe Herrngeding genannt, (wobei jedesmal die ganze Burgerschaft unter Geldstrafe erscheinen, und das uralte Scheffen-Weisthum ablesen hören muß)

muß) auf jenem Münsterplasse, und zwar an dem sogenannten steinernen Leopart (oder steinernen Wölfchen, ein kurfürstliches Jurisdiktionszeichen in Bonn) ausübe; auch Delinquenten, welche sich dort hinflüchten wollen, ohne sich um die vorgebliche Immunität zu bekümmern, wegnehme u. s. w. Ich, der ich dieses schreibe, gehöre eben so wenig auf die Seite jener Zweifler, als auf die ihrer Gegner, sondern erzähle nur, unpartheiisch, wie ein Geschichtschreiber. — Sonst hat das Stift neben den 49 Kanonikaten (deren 8 ein sicherer Probst derselben Gerhard Graf von Sain († 1177) aus seinem Vermögen gestiftet hat) 21 Vikarien; eine Schule mit 2 Lehrern und ein Hospital, das Erzbischoff Friedrich I. erbauet und fundiret haben solle. Sehenswerth ist in der Kirche das Bild der angeblichen Stifterinn in Bronze.

d) Drei Bettelmönch-Klöster, die Minoriten, Franciskaner und Kapuciner. Erstere fundirte im J. 1295 Erzbischoff Siegfried von Westerburg; die zweitern brachte unter dem Erzbischoffe Ferdinand im J. 1624 Pater Winand Sparr aus dem, im J. 1491 von dem Erzbischoffe Hermann von Hessen zu Bruel gestifteten, Kloster hieher; und letztere wurden von eben dem gedachten Erzbischoffe Ferdinand im J. 1618 eingeführet. Derselbe bauete ihnen im J. 1622 eine Kirche, welche, nachdem sie am 23 Februar des J. 1754 abbrannte, Kurfürst Clemens August

F 2 wieder

wieder herstellte. Nirgends findet sich in diesen Klöstern etwas merkwürdiges.

e) Drei Nonnenklöster: zum Engelnthal, wälsche Jungfern und Kapucinessen. Ersteres erbauete und fundirte im J. 1002 eine gewisse Matrone Gekela. Die Jungfern lebten bis 1417 nach der Regel des h. Augustins, da sie die Reformation des Windesheimischen Kapitels annahmen. Die zweitern pflanzte Madem. Dupleßis hier an, und nahm die Erstlinge dazu aus dem Kloster Nomeny in Lothringen. Diese Nonnen, welche sich auch die Congregation de notre Dame nennen, machen sich durch die Unterweisung der weiblichen Jugend viel Verdienst um die Stadt. Die Kapucinessen oder Schwestern von der Buß ließ Erzbischoff Ferdinand, gegen den Willen des Magistrats und der Burgerschaft (welche vermuthlich des lasses schon genug zu haben gläubten) im J. 1629 von Köln aus, wo sie kurz vorher entstanden waren, hieher kommen. Diese Schwestern von der Buß, auch die armen Kapuzinessen genannt, haben sich in der kurzen Zeit vielen Reichthum gesammelt. Ueberhaupt fand ich im J. 1781 in Bonn Weltgeistliche 100. Klostergeistliche a) männlichen Geschlechts 95. b) weibl. Geschl. 76. Summe aller Geistlichen 271.

Uebrigens residiret noch in Bonn die hohe Landesregierung und übrige preiswürdige Collegia, welche oben genannt worden sind.

Und,

Und, gleichwie überhaupt alle Jurisdiktionalien im rheinischen Erzstifte (die Unterherrschaften oder Herrlichkeiten ausgenommen) blos und unmittelbar dem Kurfürsten gebühren, und in dessen Namen ausgeübet werden; hiernach aber, wie wir gehöret haben, jenes rheinische Erzstift in das **Ober- und Nieder-Stift** eingetheilet, und darinn nur zween, mit gelehrten Gliedern besezte **Ober-Scheffen-Stüle**, die beiden **Kurfürstlichen hohen weltlichen Gerichter** genannt, und zwar der für das **Nieder-Stift** in der Stadt Köln angestellet: also befindet sich der andere in Bonn, als wohin das gesammte Appellationswesen von allen übrigen Gerichtern aus dem ganzen **Oberstifte** und die Ausübung der peinlichen Gerichtsbarkeit hingehöret.

Endlich ist von Bonn noch anzumerken, daß daselbst ein kurfürstlicher Rheinzoll erhoben werde.

2) Herrlichkeiten in diesem Amte sind, **Alfter, Probstei Bonn, Bornheim, Flerzheim, Heimerzheim, Lüftelberg, Meckenheim, Merl, Michel, Muggenhausen, Neukirchen, Niederdries, Schwarzrheindorf, Vilich,** und **Walldorf bei Radorf.**

3) Adeliche Sizze siehe unten in dem Verzeichnisse (D).

F 3   4)

4) **Merkwürdigere Oerter:** **Alster,** ein Dorf mit einem Nonnenkloster Augustiner Ordens. — **Grau-Rheindorf** unterhalb Bonn am Rheine gelegen. Auch hier ist ein adeliches Nonnenkloster Cistercienser Ordens, worinn doch der Adel ziemlich ausgestorben, und sogar die dermalige Aebtißinn burgerlichen Standes ist. Noch ist bei diesem Dorfe merkwürdig, daß die Bauern, welche oberhalb des Baches, welcher dadurch fließt, wohnen, das Burgerrecht zu Bonn haben, auch mit den Einwohnern dieser Stadt alle Freiheiten und Lasten theilen; da der andere Theil des Dorfes gleich andern Dörfern gehalten wird. Jenes Bürgerrecht in Bonn hat auch das Dorf **Dransdorf,** ohnweit dieser Stadt. — **Meckenheim,** die Stadt, haben wir oben in das Amt Reinbach gebracht. — **Poppelsdorf,** welches mittelst einer doppelten Allee mit dem Bönnischen Schloßgarten zusammenhänget, ist erst wegen dem Lustschlosse **Clemensruhe,** welches einen vortreflichen Grotten- und Muschelsaal, auch schöne Gärten hat; sodann wegen seiner Faience-Tuch-Savonerie- und Flanell-Fabriken merkwürdig. Auch kann man bei demselben nicht umhin, einiges von dem Berge zu sagen, an dessen Fuße es liegt. — Der **Kreuzberg,** Erzbischoff Ferdinand ließ an die Stelle einer alten verfallenen Kapelle zuerst eine ordentliche Kirche darauf sezzen, und einige Geistliche aus dem Serviten-Orden kommen, welchen er dieselbe übergab. Durch die Freigebigkeit der folgenden Erzbischöffe nahm die Pracht dieser Kirche und der Stiftungsfond immer zu.

zu. In der Fasten wallen viele Pilger aus der Gegend dahin. Die Aussicht von demselben ist sehr reizend. Auch war es hier, wo Kurfürst Friedrich Wilhelm von Brandenburg bei der fatalen Belagerung der Stadt Bonn sein Hauptquartier aufgeschlagen hatte. — Hinter demselben liegt das Dorf Rötgen, und bei diesem das ungemein niedliche Jagdschloß Herzogsfreud, welches Kurfürst Clemens August anlegte, doch Max Friedrich, weil er die Jagd nicht, wie sein Vorfahr, liebet, und sich dadurch seinen Unterthanen desto segenswerther macht, nicht gar sorgsam unterhalten läßt. — Roistorf bei Alfter am Vorgebirge ohnweit Bonn, hat einen Sauerbrunnen. — Schwarz-Rheindorf jenseits Rheines bei Bonn, hat ein freiadeliches weltliches Fräulein-Stift, welches aus einem Nonnen-Kloster Benediktiner Ordens erwachsen ist, das im J. 1152 Kurfürst Arnold II. von Weda gestiftet, und dessen Folger Philipp im J. 1173 mit seinen Besitzthümern in Schuz genommen hat. Die Kirche ist dem h. Clemens zu Ehren erbauet, und bewahret die Asche ihres Stifters auf. Wenig entfernt davon liegt Vilich (Velike in alten Urkunden) mit einem ähnlichen Fräuleinstifte, dessen Ursprung gleichermaßen ein Nonnenkloster ist, welches gegen das J. 985 Mengoz (Megingoz) und dessen Gemahlinn Gerbirga (jener aus dem Geschlechte der Grafen von Geldern, und diese eines Godfrieds Grafen von Ardenne Tochter, wie man sagt) gestiftet, und worinn deren Tochter Adelheid erst die Regel des h. Hieronymus, nachher aber jene des h. Benedikts eingeführet hat. Kaiser Otto III. beschenkte im J. 988 dieses Kloster mit den nemlichen Freiheiten, welche die Stifter **Gandersheim**, **Quedlinburg** und **Essen** hatten.

5) Uebrige Dorf= und Ortschaften des **Amtes Bonn** siehe unten in dem Verzeichnisse (B).

Amt Zülpich.

Darinn kömmt vor 1) die Stadt dieses Namens, auch **Zülch**, **Tulpetum**, und **Tolbiacum** beim **Tacitus** genannt. Dieselbe war zu der Römer Zeiten ein vester Ort. Auch ist es hier, wo **Klodwig**, König der Franken, im J. 496 über die Allemanier jenen berühmten Sieg erhielt, nach welchem er sich taufen ließ, wo **Hermanfried**, König von Thüringen, in Beisein, und vermuthlich auf Anordnen des Austrasischen Königs **Theodorich** von der Stadtmauer zu tode gestürzt wurde, und wo endlich im J. 612 die königlichen Brüder **Theudebert** von Austrasien, und **Theuderich** von Burgundien zum leztenmale aneinander geriethen, indem ersterer nach der Schlacht nicht viel weiter bis Köln fliehen konnte, wo ihn der Bruder einholte und ziemlich unbrüderlich behandelte. Einmal unter Erzbischoffe **Heinrich** I. im J. 1230; und nachher unter **Siegfried** ward diese Stadt von deren feindlichen Nachbarn eingenommen und verwüstet; unter dem Erzbischoffe **Wichbold von Holte** an die Grafen von **Jülich** verpfändet; und erst

erst im J. 1368 von dem damaligen Erzbischoffe von Trier und Administrator des Erzstifts Köln, Cuno von Falkenstein, wieder eingelöset; endlich im J. 1642 von den vereinigten Weimar- und Hessischen Völkern, mittelst Akkord, eingenommen und sehr übel zugerichtet. — Es sind drei Pfarrkirchen und ein Kapuciner-Kloster daselbst.

2) Die einzige Herrlichkeit Gleen theilet sich unter dieses Amt.

3) Rittersizze kommen unten in dem Verzeichnisse (D) und Dorfschaften unter (B) vor. Hier merke ich nur noch an, daß zu Fussenich ein Nonnenkloster Prämonstratenser, und zu Hoven ein dergleichen Cistercienser Ordens sei.

Amt Lechenich.

Dahin gehören 1) die Stadt Lechenich. Erzbischoff Heinrich von Virnenburg legte um 1330 ein Schloß daselbst an, und beschenkte den Ort mit Stadtgerechtigkeiten. Wallram von Jülich dessen Nachfolger auf dem h. Stule, bevestigte denselben noch mehr und residirte, während des Krieges mit seinem Bruder, Wilhelm von Jülich, daselbst. Im J. 1642 belagerten das vereinigte Französisch- und Hessen-Weimarische Heer das Schloß 6 Wochen lang vergebens, und fanden an demselben das non plus ultra ihres Siegszuges im Erzstifte. Izt liegt die erzstiftische Husaren-Kompagnie zur Besazzung, auch ein Franciskaner-Kloster darinn. Die Gegend rundum ist flach, aber fruchtbar.

2) Die Herrlichkeiten Bliesheim, Erp, Friesheim, Gymnich, Hermülheim, Liblar, Nuddersheim, Strasfeld.

3) und 4) die adelichen Sizze und sonstige Dorf-und Ortschaften, unten in den Verzeichnissen (B) und (D).

Amt Bruel.

Darinn kömmt vor 1) die Stadt Bruel. Sie hat vermuthlich ihren Namen von Broilum oder Brolium, wie die Verschanzungen in sumpfigten Oertern, mittelst durch einander geflochtener Bäumen und Gesträuchen, hießen, deren sich die alten Teutschen bedienten, die Pferde ihrer räuberischen Nachbarn aufzuhalten, wenn diese ihnen unangenehme Besuche machten. Das erste, was wir von dieser Stadt zuverläßig wissen, ist, daß Erzbischoff Engelbert von Falkenburg, nachdem er Köln hatte verlassen müssen, sich in den Jahren 1262-1263 daselbst aufgehalten, und von da aus mit den Aufrührern traktiret habe. Um den Streifereien dieser leztern Einhalt zu thun, legte Kurfürst Siegfried von Westerburg um 1284 ein Schloß daselbst an, welches vest genug war, den Kölnern und ihren zahlreichen Alliirten von 1317 bis in 1318 vier ganze Monate hindurch zu widerstehen. Endlich
gieng

gieng es dann doch über, und wurde dem Kurfürsten von Trier in Sequester gegeben. Im J. 1347 machte es Erzbischoff Wallram von Jülich noch vester. Im J. 1368 erhielt es nebst dem ganzen Amte Godfried Graf von Arnsberg, nachdem er seine Grafschaft an das Erzstift verkauft hatte, zur Leibzucht. Nachher versezte es Kurfürst Theodorich von Falkenburg nebst andern Städten, Zöllen und Schlössern an den Ritter Johann von Paland, welchem es der nachfolgende Erzbischoff Ruprecht nach einer dreimonatlichen Belagerung wieder abtrieb. Dieser hielt sich in der Zeit seiner Entzweiung mit dem Domkapitel daselbst auf, und erhielt freundschaftliche Briefe und Besuche von dem listigen Hermann von Hessen, welcher, anstatt eine Wiederaussöhnung zwischen dem Herrn und dessen Unterthanen zu stiften (wozu er sich jenem erbothen und dargestellet hatte) diese zu bereden wußte, daß sie ihn gegen den treuherzigen Ruprecht, zum Schuzherrn annahmen; endlich den leztern, ohne es zu scheinen, zwang, ihm zu Gunsten das Erzbisthum zu resigniren. Auch nahm derselbe, nach seiner Gelangung auf den h. Stul, die Stadt **Bruel** ein, und pflanzte in die daselbst befindliche Juden-Synagoge Franciskaner, welche noch izt ihre Kirche und ein Noviziat darinn haben. Kurfürst **Gebhard von Mansfeld** machte Bruel zu seiner Residenz und verschied daselbst am 2 Nov. 1562. Kurfürst **Salentin von Jsenburg** ließ das dasige Schloß in bessern Stand sezzen, und resignirte auf dem allda versammelten Landtage am 13 Sept. 1577

1577 das Erzstift. Zu des Gebhard Truchseß's Zeiten hat Bruel traurige Schicksale erlebt, indem derselbe erst, was es kostbares hatte, wegnahm, und, weil er immer eine starke Besazzung darinn hielt, den Herzog Friedrich von Sachsen-Lauenburg vermogte, es einzunehmen. Dies nämliche gelang am 4 Sept. des J. 1647 den vereinigten Heßisch-und Sachsen-Weimarischen Völkern, mit dem Unterschied, daß die Stadt diesmal rein ausgeplündert wurde. In diesem Schlosse ward der berühmte Kardinal Mazarin, nachdem ihn Kurfürst Max Heinrich nach seiner Verweisung aus Frankreich aufgenommen hatte, nebst seinem Gefolge mehrere Monate bewirthet. Nach Maxens Tode erhielt Bruel eine französische Besazzung, und wurde, nach einer hartnäckigen Vertheidigung, von den Aliirten erobert, und das Schloß zerstört. Kurfürst Clemens August führte an des leztern Stelle den prächtigen Pallast auf, der noch izt steht. Er legte den ersten Stein dazu am 8 Jul. 1725, erlebte aber die Ausführung des kostbaren Baues nicht ganz: diesen nun hat dessen Nachfolger Max Friedrich vollbracht. In dem Thiergarten liegt das sehr niedlich gebauete sinesische Haus, *Sanschêne*, und am Ende desselben das, auch recht schöne, zur Reigerbeiz bestimmte, Jagdschloß Falkenlust. Auch zu diesem legte Kurfürst Clemens August am 16 Jul. 1729 den ersten Stein. Die in dem daran stossenden kleinen Forste gelegene sogenannte Muschel-Kapelle verdient gesehen zu werden. Uebrigens ist das Städtchen nicht groß, hat aber

ver=

verschiedene hübsche Häuser, und wird im Sommer, wegen seiner angenehmen Lage und schönen Gärten, von den Einwohnern des nachbarlichen Köln sehr häufig besucht. Auch pflegt der Kurfürst einen Theil der schönen Jahrszeit daselbst zuzubringen. Sonst verlieret sich in dieser Gegend das, seines angenehmen und gesunden Bleicharts halber so bekannte Vorgebirg, welches bei Bonn den Rhein verläßt, und landeinwärts sich dahin zieht.

2) Herrlichkeiten in dem Amte **Bruel** sind: Berzdorf, Brauweiler, Glewel, Junkersdorf, Keldenich, Kendenich, Kenten, Königsdorf, Löwenich, Mauenheim, Merrheim, Mungersdorf, Niehl, Ossendorf, Quadrath, Roßberg, Schwadorf, Walberberg, Weilerswist.

3) Adeliche Sizze kommen unten in dem Verzeichnisse (D) vor.

4) Dorf- und sonstige Ortschaften aber in dem Verzeichnisse (B).

Amt Köln und Deuz.

Darunter wird gerechnet 1) die **Stadt Köln.** Es muß niemand Wunder nehmen, daß ich diese Stadt hieher bringe: denn erst erkennen die Kurfürsten von Köln dieselbe noch gar nicht für eine **Reichsstadt**, sondern nennen sie überall ihre Stadt;

Stadt; zweitens, hat das Erzstift, ohne die geringste Widerrede, sehr ansehnliche und vorzügliche Hoheiten und Regalien darinn in nuzbarem Besizze: wiewohl freilich ein Theil davon auch der Stadt verpfändet, oder an andere verliehen sind; endlich ist daselbst der Siz des Metropolitan-Stiftes, als des ersten erzstiftischen Landstandes, und des Kollegiums, welches aus seinem Mittel dem Lande allemal seinen Herrn wählet. Also

Köln liegt am linken Ufer des Rheines, in einer Fläche, und hat die Figur eines Halbzirkels, dessen Sehne jener Strom ausmacht. Markus Vipsanius Agrippa legte, nachdem er die Ubier von dem andern Ufer des Rheines hieher verpflanzt hatte, dieselbe zuerst an; Agrippina aber, des Claudius Gemahlinn, welche in derselben zur Welt gekommen war, schickte eine römische Kolonie dahin. Daher erhielt das Oppidum Vbiorum in der Folge den Namen Colonia Claudia Augusta Agrippinensium. Sie war die Hauptstadt von Germania Secunda, oder dem untern Theile des rheinischen Galliens, welchem leztern bekanntlich August den Namen Germanien gegeben. — Im J. 462 nahmen die Franken Köln ein, und behaupteten es bis gegen 944=949; wo Otto der G. es ihnen wieder entriß. — Im J. 1187 wurden vom Erzbischoffe Philipp von Heinsberg neue und viel weitere Mauern um die Stadt gezogen, welche 83 Thürme, 13 grössere Thore, und 6182 oder nach Gelons Angeben 5989 Schritte (jeden zu 5 Schuhen)

hen) im Umfange haben sollen, und bis izt noch stehen. In der Geschichte des Mittelalters ist Köln berühmt: Wissenschaften, Künste, Handel und Gewerbe blüheten ausnehmend darinn, auch hatte dasselbe, als eine Quartierstadt, sehr vielen Antheil an dem Glücke der Hansa. Intoleranz und Unpolitik haben alles verdorben, und ausser dem Speditions=Handel, welchen die Stappelgerechtigkeit an die Stadt zwinget, ist das übrige kaum nennenswerth. Selbst aus diesem Speditions=Handel zieht Köln nur das Geringstmögliche. Der Holländer bringt seine Waaren in eignen Schiffen bis vor die Stadt; wo dann schon eine Menge Mainzer= und andere oberländische Schiffer. (d. i. solche welche zwischen den beiden Stappel-Städten wohnen) liegen, und auf Rückfracht aus jenen warten: Diese Oberländer nemlich kommen nicht leer herunter, sondern bringen für den Holländer teutsche Waare, woran sie dann wieder bis Köln die Fracht gewinnen. Freilich hat Köln auch seine eignen Schiffer, welche die Holländischen Waaren herauf, so wie die teutschen herunter fahren; auch giebt es in der Stadt noch einige nicht unwichtige Band=Strumpf=Tabak= u. dgl. Manufakturen und Fabriken; endlich auch verschiedene Häuser, die einen beträchtlichen Zwischenhandel treiben; allein was macht das im Ganzen aus, und was ist es gegen die verflossenen Zeiten? Im J. 1425 auf Bartholomäustag jagten die frommen Burger die Juden heraus, und verwandelten ihre Synagoge (welche ihnen im J. 1010 Erzbischoff

Heri=

Heribert eingegeben hatte) in die noch heute stehende Rathskapelle. Was dieses für Einfluß auf die Handlung und Gewerbe der Stadt gehabt habe, ist mir nicht bekannt; so viel aber historisch erweislich, daß die Epoque des Verfalls der leztern, so wie des Aufkommens der benachbarten Oerter Mülheim, Crevelt 2c. just mit der Verweisung der Protestanten sich anfange. Diese Verweisung geschah im J. 1618; und auf der Stelle wurden 1400 Häuser leer. Pfaffen und Mönche verdarben durch Schleichhandel und Wucher vollends alles; und wer weiß nicht, wie sehr jene Herren noch izt ihre Accise- und Bürgerlastenfreiheit, zum Ruin des Kaufmanns und Krämers, mißbrauchen? Gegenwärtig werden die Protestanten, deren sehr wichtige da wohnen, geduldet: doch können sie das Burgerrecht nicht erlangen, sondern sind nur Beisaßen. Etwa 8000 Häuser und in jedem nur Eine Familie; also (diese zu 5 Personen gerechnet) höchstens 40000 Einwohner sollen (den venerabilem clerum doch ausgenommen) den Inbegrif der ganzen grossen Stadt ausmachen. Nun aber sind, wie man bei Gelegenheit der gegenwärtigen Mißhelligkeiten zwischen dem Magistrat und der Burgerschaft daselbst will herausgebracht haben, unter jenen 40000 Einwohnern nur 6000 Burger, das heißt: Leute, welche sich von der Handlung, einem Handwerke, den Interessen von ihren Kapitalien, oder von sonst einem bestimmten Einkommen nähren: Einen sehr grossen Theil der übrigen soll das Armuth oder Bettler im eigentlichsten Verstande aus-

ausmachen. Hierüber klagt nicht nur der Burger in Köln (den ohnehin noch eine unnennbare Anzahl geistlicher Bettler aussauget) sondern die umliegende erzstiftische Landgegend, welche von diesen Leuten gleichfalls überschwemmet; und der Fremde, der, wenn er nicht ablanget, tüchtig ausgeschrieen wird. Nun muß man aber nicht denken, daß dieß aus Mangel öffentlicher Versorgungsanstalten für diese Leute herkomme. Denn Köln hat nicht nur ein Arbeitshaus, 16 Hospitäler, viele Konvente, oder Oerter, wo Wittwen und unvermögliche alte Frauenspersonen ihre Wohnung und Unterhaltung finden; so wie andere ansehnliche Stiftungen zur Erziehung und Ausstattung der Jugend: sondern fast bei jeder Kollegiat= Kloster=. und Pfarrkirche sind noch sogenannte Spenden, welches bestimmte, sowohl in Geld als Speise bestehende Allmosen sind, welche zu gewissen Tagen in der Woche ausgetheilt werden. Was in Testamenten auf diese Stiftungen vermacht wird, heißt in Köln **auf das Brett gegeben** (legatum ad tabulam). Allein bekanntlich machen es dergleichen fromme Stiftungen nicht aus: und Allmosen sind zwar gut, aber das beste unter allen Allmosen bleibt doch immer — l'assurance du travail (wie Moheau es ausdrückt): daß die aber überall in Köln fehlen müsse, ist aus den Prämissen leicht herzuleiten.

Ueber ein Viertheil der Stadt ist unbebauet, und bestehet theils aus Marktplätzen (worunter der Neumarkt ein vortreflicher Spaziergang ist, und von

G   Björn-

Björnstähl für einen der schönsten in Europa gehalten wurde) theils aus Weingärten; an welchen leztern wieder der venerabilis Clerus den grösten Antheil hat. Denn die einzige Karthus soll z. B. mit ihren Gärten nicht weniger Raum als die benachbarte Stadt Mülheim einnehmen; und die Abtei zu St. Panthaleon aus denen ihr umliegenden Weingärten in guten Jahren schon 250 Ohm Wein gezogen haben. Im J. 1775 sollen überhaupt 6000; im J. 1779 15000; im J. 1780 aber gar 18000 in Köln gewachsen sein. Der Wein ist durchgehends schlecht, und zum Verführen eben so untauglich, als zum Aufbewahren.

Um von dem mehrberührten Clero noch einiges anzuführen; so enthält Köln 11 Kollegiat-Stifter (einschließlich der adelichen Fräuleinstifter zu St. Ursula und St. Marien) 2 Abteien; 19 Pfarrkirchen; 17 Mannsklöster, einschließlich der Teutschordens-Commenthurei zu St. Catharinen, und jener des Johanniter-Ordens zu St. Johann und Cordula; 39 Nonnenklöster und 49 Kapellen; also daß man, alles (auch die sogenannten Quäsolen) eingerechnet, leicht eine Summe von 2500 Geistlichen herausbringt.

Merkwürdigkeiten in dieser Stadt sind 1) die Domkirche, ein gothisches Gebäude, welches Erzbischoff Cunrad von Hochsteder im J. 1248 angefangen; und woran wenigstens im J. 1499 noch gebauet worden ist; welchem ungeachtet noch sehr
viel

viel an der Vollendung des Baues fehlet. — 2) Die Universität. Dieselbe wurde freilich erst im J. 1388 vom Magistrate angelegt, und vom Pabste Urban VI. mit den nemlichen Privilegien und Freiheiten, welche die Pariser hatte, versehen: allein, da schon im J. 1285 Erzbischoff Siegfried den Cistercienser Mönchen von Altenkamp erlaubte, die theologische Studia zu Köln zu treiben; auch bei Innocenz III. (lib. I. Epist.) schon Meldung von *Magistris Coloniensibus* vorkömmt; und endlich *Cæsarius Heisterbacensis* bereits um 1222 von Physicis Coloniensibus oder Medicinern redet: so ist klar, daß lange vor jener Zeit wenigstens ein Gymnasium daselbst müsse gewesen sein. Nun bestehet die Universität aus 4 Fakultäten: der theologischen, der juristischen, der medicinischen und jener der freien Künsten. Zur leztern gehören drei Gymnasien oder Bursen: die Montaner, Laurentianer und Dreigekrönte, welche ehemals die Jesuiten versahen. Die Vierte, die Cornelische oder Curanische genannt, ist bereits lange eingegangen. — 3) Das Rathhaus, dessen Portal vortreflich gebauet ist, und von Kennern des Erhabenen in der Baukunst geschäzt wird. — 4) Das sogenannte Korn= oder Zeughaus, welches merkwürdige Rüstungen und schönes Geschüz enthält. — 5) Das Waisen= und Fündelhaus. Eine ansehnliche Stiftung. — 6) Das sogenannte grosse Armenhaus, worinn doch niemand ohne Patronen soll hineinkommen können. — 7) Das Zucht= und Arbeitshaus: ist nicht viel mehr als Namen.

G 2 — 8)

— 8) Die obangeführten 16 Hospitäler: Die Revenüen sollen auch nicht überall nach der Absicht der frommen Stifter verwendet werden. So wenigstens spricht das Volk in Köln. — 9) Die vielen theils a) **kurfürstliche Gerichter** als: das **Untergericht Airsbach**; das **Dilles-Gericht**, oder auf der **Dillen**; das erbvogteiliche Gericht **St. Gereon und Eigelstein**; das erbvogteiliche **Hagd-Gericht**; das fiskalische geistliche Gericht; das **geistliche Hof-Gericht oder Officialat**; das **weltliche Hof- oder Ober-Appellations-Gericht**; das hohe weltliche Gericht (von demselben ist anzumerken, daß es, rücksichtlich auf die Stadt genommen, von allen das vornehmste sei, die höhere Criminal-Jurisdiktion Namens des Kurfürsten ausübe, und aus einem **Greven** oder Gerichtspräsidenten und 10 Schöppen bestehe, welche alle in der Stadt gebohren sein müssen, und in gerichtlichen Anschreiben noch bis diese Stunde den Titel **Junker** beibehalten. Ein merkwürdiges Ueberbleibsel aus der alten Zeit, wo ohne adeliche Qualität niemand zu den Schöppenstülen zugelassen wurde.) Das **Niedericher-Gericht**; das **Unterlahn-Gericht**; und endlich das **Weierstrasser-Gericht**: theils b) **stadtkölnische Gerichter**, als: das **Amts-Gericht**: **Appellations-Gericht**; **Burgermeister-Gericht**; **Fiskalisches-Gericht**; **Gewalt-Gericht** (welches die niedere Criminal-Jurisdiktion ausübet); **Pferds-Gericht**; **Raths-Gericht**; **Syndikat**; **Tuchhallen-Gericht**; **Weinschulen-Gericht**. — 10) Das erzbischöffliche **Seminarium**. — 11) Ein

Altar-

Altarblatt in St. Peters Pfarrkirche, die verkehrte Kreuzigung Petri vorstellend von P. P. Rubens, der in jener Pfarre gebohren worden, und das Stück der Kirche verehret, auch davon versichert hat, daß er einen besondern Fleiß daran gewandt, dergestalt, daß es eines seiner besten Stükke worden ist.

Von den sechs Burgermeistern dieser Stadt sind immer zween regierend. Der ordentliche Rath bestehet aus 49 Männern, welche auf den Gaffeln vom Volke gewählet werden, ausser 7, welche der Rath auf Johannis, und 6, welche er um Weihnachten aus dem Volke wählet. An jenen beiden Festen nemlich gehet die eine Hälfte des Rathes ab, und die andere wieder an. Der sogenannte Bannerrath bestehet aus den Tribunis der 22 Zünften oder Gaffeln; hält alle Vierteljahre eine Zusammenkunft und inspicirt die Verwaltung des ordentlichen Rathes. Die ganze Stadt ist in 8 Quartiere oder sogenannte Colonellschaften eingetheilt, deren jede ihren Colonell, Colonellieutenant, Obristwachtmeister, Hauptleute, Befehlshaber über kleinere Corpora, und Fähndriche hat. Die Garnison bestehet aus 3 Kompagnien Stadtsoldaten, welche ein Obrist=Lieutenant kommandirt. Zu Nacht halten die Burger an den Thoren Wache. Die Stadt schwöret dem neuerwählten Erzbischoffe treu und hold zu sein, so lang er sie „helt in rechte „und ehren bei ihrer guter alter gewonde, die „sie und ihre Vorfahren herbracht haben 2c."

wonach er ihre wohlhergebrachte und verliehene kaiserliche, königliche, päbstliche und erzbischöffliche Freiheiten und Rechte bestätiget. Die Einkünfte der Stadt bestehen fast einzig in der Accise, indem sie ausserhalb ihrer Mauern gar kein Territorium hat.

Uebrigens hat Köln, als eine freie Reichsstadt, sowohl auf den niederrheinisch-westphälischen Kreistagen, als auf dem Reichstage, in dem reichsstädtischen Collegio Siz und Stimme, und auf der rheinischen Bank den ersten Plaz, welchen ihm Achen ungern einräumet. In der Reichsmatrikul ist diese Stadt auf 25 zu Roß und 200 zu Fuß oder 1100 Flor. angesezt; sie hat aber um Verminderung dieses Anschlages angehalten; und in der lothringischen Eintheilung stehen auch nur 825 fl. Zu einem Kammerzieler giebt sie 405 Rthlr. 72½ kr.

Endlich ist noch hier anzumerken, daß der, zu den Kur- und sonstigen Höfen des Rheinstromes akkreditirte päbstliche Nuntius in Köln residire.

2). **Deuz, Duiz,** (Tuitium) ein kurkölnischer Flecken und Freiheit, liegt gerade der Stadt Köln gegenüber, an dem andern Ufer des Rheines; und hat der Kurfürst zwischen diesen beiden Orten eine fliegende Brücke, welche, wie die zu Bonn, mehrern Betheiligten zu verschiedenen Lehen verliehen ist, die auch an beiden Orten ihren besondern Lehnhof (curia feudalis) haben. Kaiser **Constantin** hat hier

hier im J. 308 ein Kastel angelegt, und daſſelbe, mittelſt einer ſteinern Brücke, mit denen bei Köln (und zwar an der Stelle, wo es izt **Unter Kä-ſtern** — von caſtra — heißt) angelegten gleichmäßigen Caſtellen verbunden. Jenes Caſtel iſt das in Urkunden vorkommende Ditivenſe Monumentum, und wurde, nebſt der Brücke, unter Kaiſer Otto I. und dem Erzbiſchoffe **Bruno** im J. 957 oder 964 zu Grunde gerichtet, welcher leztere aus den Ruinen den Panthaleoniter-Mönchen eine neue Kirche gebauet hat. An der Salzpforte zu Köln können bei kleinem Waſſer im Rheine noch Ueberbleibſel davon entdeckt werden. Erzbiſchoff **Heinrich** nahm das ſpäter wieder erbaute Schloß im J. 1230 dem Grafen von **Berg** hinweg, und machte es dem Boden gleich. Im J. 1376 haben die Kölner den Ort, ſamt der Abtei und Pfarrkirche verbrannt und verwüſtet. Kurfürſt **Ferdinand** legte im J. 1632 eine neue Feſtung daſelbſt an, woran ihm die Stadt Köln treulich geholfen, als welche ſich davon gegen den heranziehenden ſchwediſchen General **Baudißin**, der ſich vorgenommen hatte, **die Pfaffenſtraſſe (den Niederrhein) zu fegen**, viel Nuzzen verſprach. Baudißin überrumpelte kurz darauf die Werker wirklich, zog aber nach einigen Tagen wieder ab gegen **Mülheim**. Im J. 1642 wurden die, in den vorigen Jahren niedergeriſſenen, Werker wieder in Stand geſezt. Im J. 1673 bemächtigten ſich die Kaiſerlichen des Orts, und in der Folge ſind die Werker geſchleift worden. — Die angeführte daſelbſt befindliche Abtei Benedikti-ner

ner Ordens stiftete im J. 1001 Erzbischoff Heribert und weihete die Kirche im J. 1019 der Mutter Gottes ein, wo er dann über die zur Stiftung hergegebenen Besizzungen offene Briefe ertheilte. Erzbischoff Hermann der Edle vermachte im J. 1041 seine in der Mark gelegenen Erbgüter dieser Abtei. Erzbischoff Hermann von Hessen aber reformirte dieselbe im J. 1491. Der Abt schreibt sich einen Herrn zu Behn, Lehrsling, Pilkum, Eschweiler, Langel, samt angehörigen Orten, der Stadt Unnd und im Amte Hamm Archidiaconus ꝛc. — Es wohnen hier viele Juden, welche sich meistens aus dem gegenüber liegenden Köln nach ihrer gewohnlichen Art nähren.

3) Herrlichkeiten kommen in diesem Amte gar nicht vor, so wie

4) keine adelichen Sizze.

5) Uebrige Dorf- und Ortschaften theilen sich theils unter die Erbvogtei, theils unter Deuz, und kommen unten im Verzeichnisse (B) vor.

Amt Hulchradt.

Dasselbe begreift: 1) Das Schloß und Dorf Hulchradt (Hülkenrade), der Hauptort einer ehemaligen Grafschaft (comitatus Helicrodiensis) welche lange Jahre hindurch den Grafen von Klebe verpfändet gewesen, endlich im J. 1323 vom Erzbischoffe

bischoffe Heinrich, mittelſt einer beträchtlichen Summe Geldes, zu deren Beiſchaffung er ſeine Geiſtlichkeit zwang, von Theodorich von Kleve wieder eingelöſet worden iſt. — Im J. 1642 nahmen es nach fünftägigem Beſchieſſen die weimariſch-heßiſchen, kurz darauf aber die kaiſerlich-bairiſchen Völker ein.

2) Herrlichkeiten in dieſem Amte ſind: Bedbur, Erbrath, Flieſteden, Hachenbroich, Helfenſtein, Wevelinghoven, Woringen.

3) Adeliche Sizze und

4) Dorf- und andere Ortſchaften, ſiehe unten in den Verzeichniſſen (D) und (B).

5) Der Nachbarſchaft halber, wiewohl ſie das Verzeichniß (B) unter die Erbvogtei ſezzet, bringe ich noch hieher

(A) Neuß, eine erzſtiftiſche Haupt- und Direktorial Stadt, auch Nuyß, Nuſſia, Noveſium oder Niveſium genannt. Noch zu den Zeiten des Erzbiſchoffs Cunrad von Hochſteden lag dieſelbe dicht beim Rheine, wie ſich dann eine Urkunde vom 31 Jan. 1254 findet, worinn jener den Burgern erlaubt „Caſtellum in oppido Nuſſienſi ſuper Rhe-
„no (ab ipſo) conſtructum demoliri & deſtruere
„penitus... Illam quoque inſulam iuxta ipſo-
„rum oppidum inter Rheni & Arnepe flumen
„ſitam,

"sitam, de qua certi causa periculi timebatur,
"eo videlicet, quod ipsa insula per arenas aqua-
"rum inundantium se protendens, & magis ac
"magis pro tempore se dilatans oppido ipsi
"posset auferre & subducere flumen Rheni pro
"ipsorum possibilitate delere &c." — Jezt liegt
diese Stadt eine halbe Stunde vom Rheine entfernt,
ohne daß sich angeben ließ, zu welcher Zeit eigentlich
dieser Strom seinen Weg um so ein merkliches ver=
ändert habe. Auch diese Stadt hat sicher ihren Ur=
sprung von einem ehemaligen römischen Lager herzu=
leiten; auch soll eines der 50 Schlösser des Drusus
daselbst gestanden, und zur Zeit des Claudius Ci=
vilis die dreizehnte (nach andern die vierzehnte)
Legion ihre Winterquartiere hier gehabt haben. Daß
es nach dem, besonders von der Hälfte des IV. Jahr=
hunderts an, wechselsweise zerstöret und wieder er=
bauet worden (z. B. im J. 358 unter Kaiser Ju=
lian; im J. 368 unter Kaiser Valentinian ꝛc.)
ist theils bekannt, theils sehr wahrscheinlich, indem
die jenseitigen Teutschen und Franken keine Gelegen=
heit über den Rhein zu sezzen, und alsdann zu sen=
gen und zu brennen vorbeiliessen; und übrigens
Neuß und dessen Gegend ein vorzüglich schlimmes
vis-à-vis an dem Theile jener Nationen, welcher
sich die Attuarier nannte, hatte. Im J. 1205
nahm K. Philipp, welchen der kölnische Erzbi=
schoff Adolph gegen Otto zu Achen gekrönet, und
sich dadurch den Kirchenbann und den Verlust des
Erzstifts zugezogen hatte, Neuß ein, und gab es
seinem entsezten Gönner einstweilen zur Schadlos=
hal=

haltung. — Im J. 1254 trat diese Stadt der Verbindung der Hanseestädten bei. — Im J. 1297 war eine Zusammenkunft des Adels daselbst, welcher sich Wichbolden von Holte zum Erzbischoffe ausersah, der auch sofort vom Kaiser bestätiget wurde. — Im J. 1475 wurde dieselbe von Karl von Burgund heftig belagert; hielt aber bei neun Monate aus, da Kaiser Friedrich III. zum Entsazze kam. Hierdurch verdiente sie sich, zu den ansehnlichen Privilegien, welche sie schon hatte, noch sehr viele andere, worunter die namhaftesten sind: das Münzrecht; das Jagdrecht; die peinliche Gerichtsbarkeit (welche der Landesherr ihr aber ganz und gar nicht gestattet); die Freiheit, sich keinem auswärtigen Richter zu stellen; Item fünf Jahrmärkte zu halten; die Zollfreiheit im Erzstifte; und einen goldnen Adler im schwarzen Felde zum Wappen ꝛc. — Im J. 1584 wurde Neuß vom Grafen von Nuenar für den entsezten Erzbischoff Gebhard Truchses eingenommen, und von den Holländern geplündert; im J. 1586 aber von dem Herzoge von Parma wieder erobert und in Brand gesteckt. — Im J. 1642 bemächtigten sich die verbündeten Franzosen und Hessen der Stadt, und machten sie vester. — Im J. 1688 legten sich die Franzosen darein, welchen im folgenden Jahre 1689 die Brandenburger es wieder entrissen.

In dieser Stadt ist a) eines der erzstiftischen Officialate. b) Ein freiadelich weltliches Stift zu dem h. Quirin, mit 15 Pfründen für ritterbürtige

bürtige Fräulein, und sieben dergleichen für Chorherren. c) Eine Regulair-Kanonie Augustiner-Ordens, Marienburg genannt, welche Erzbischoff von Sarwerden, nachdem derselben Hauswesen ziemlich verfallen war, wieder herzustellen sich bemühete. d) Ein Alexianer-Brüder- und ein Franciskaner-Kloster. e) Zwei Nonnenklöster. f) Ein Gymnasium, welches weiland die Jesuiten versahen, und ziemlich stark besucht wird. — Auf dem Markte stehet die Statue Kaisers Friedrichs III. in Erz.

(B) Zons, Sontinum; in Urkunden Friedstrom und Fridistraun genannt, ein Städtchen am Rheine, welches im J. 1291 Erzbischoff Siegfried mit einem Schlosse und Mauern bevestigt hat, um sich gegen seine, mit Köln verbundene feindliche Nachbarn, gegen welche kein Anathema helfen wollte, zu schüzzen. Im J. 1620 am 16 März brannte der Ort bis auf 5 Häuser ab. Im J. 1645 und 1646 mußte er eine Belagerung von den Franzosen und Hessen ausstehen; wurde aber glücklich entsezt. Es wird hier ein Rheinzoll erlegt. Lange war derselbe mit samt der Stadt, dem Schlosse, der Präfektur und allen Pertinentien dem Domkapitel zu Köln, (weil es in betrübten Zeiten dem Erzstifte möglichst beigestanden, auch sich für gewisse jährlich zu zahlende Pensionen als Hauptschuldner dargestellet, und unter der Regierung der Erzbischöffe **Theodorich** und **Ruprecht** beträchtlichen Verlust an seinen Gütern erlitten hat) verpfändet: allein,

seit=

seitdem dieses Kapitel im J. 1561 neuerdings eine jährlich zu erlegende Summe von 1567 Gulden auf sich genommen, sind jene Pfandstükke demselben vollkommen abgetreten und eigenthümlich übertragen worden. In der Kapitulation des Kurfürsten Max Heinrichs wird gesagt, daß der jährliche Ertrag jenes Zolles schon eine Zeit her nicht mehr an die Summe von 4985 Goldgülden (floreni aurei) als für welche Summe das Kapitel jährlich darauf angewiesen war, gestiegen sei. Es ist sonst noch ein Franciskanerkloster in Zons.

Was der Name dieses Orts betrift, so leiten denselben einige von dem Worte Sunicus her, welches die alte Benennung der Hunnen soll gewesen sein. Gelenius widerspricht diesem, und, wiewohl er einigen andern benachbarten Orten jenen Ursprung zugiebt, z. B. Sunsteden, Sundorf ꝛc. so zieht er doch hier die Meinung derjenigen vor, welche den Namen Zons von den teutschen Wörtern Zo-ons (zu uns) ableiten, weil nämlich der ganze Strich Landes von Woringen (das alte Buruncum) und Dormagen, (welche beide Oerter ehemals dicht am Rheine lagen) bis auf das dermalige Ufer dieses Flusses, durch Anschwemmung und Weidenpflanzungen dem Flusse abgewonnen worden sei.

Noch kommen in diesem Amte vor andern zu bemerken a) Lebber oder Bedbur ein Städtchen und Schloß an der Erfft, den Grafen von Salm-Reifferscheid zugehörig, woselbst ein Augustiner-Kloster

Kloſter iſt. — b) **Brauweiler**, eine Abtei Benediktiner Ordens, welche **Ezzo**, Pfalzgraf und Vater des Erzbiſchoffs **Hermanns** II. geſtiftet, und Erzbiſchoff **Pilligrim** im J. 1028 eingeweihet hat. — c) **Frauweiler**, ein Kloſter. d) **Gnadenthal**, vormals ein Mönchskloſter Bernardiner Ordens, im J. 1216 von **Lothar** Grafen von **Hochſteden** geſtiftet, und von Erzbiſchoff **Engelbert** konfirmirt; endlich in folgenden Zeiten in ein Frauenkloſter Ciſtercienſer-Ordens verwandelt. — e) Die Füllinger-Heide nahe bei dem Flecken **Woringen**. Daſelbſt iſt im J. 1288 jene berüchtigte Schlacht vorgefallen, worinn Erzbiſchoff **Siegfried** von dem Grafen von **Berg** gefangen genommen worden iſt. Dieſer Erzbiſchoff hatte im J. 1284 zu **Woringen** ein Schloß angelegt, oder veſter gemacht, welches bei dieſer Gelegenheit verwüſtet worden iſt. — e) **Knechtſteden**, eine Abtei Prämonſtratenſer Ordens. — f) **Langwaden**, ein Nonnenkloſter des nämlichen Ordens. — g) **Mehr**, ein adeliches Frauenkloſter des nämlichen Ordens, von **Hildegund**, Gräfinn von **Mehr** oder **Maar**, im J. 1166 geſtiftet, und vom Erzbiſchoffe **Reinald** von **Daſſelle** konfirmirt und in Schuz genommen. Auch ſoll daſſelbe der Hauptort der ehemaligen Grafſchaft ſeines Namens (comitatus Merſenſis) geweſen ſein, welche jener Erzbiſchoff von der genannten Gräfinn und ihren Kindern zum Geſchenke erhalten hat. Weil der Ort ohnweit **Neuß** liegt; ſo habe ich ihn lieber hieher

her gebracht, als in das Amt Lynn und Urdingen, wo ihn das Verzeichniß (B) nennet.

Amt Liedberg.

Darinn kommen vor 1) die Herrlichkeiten Horst und Odenkirchen. Von lezterer ist zu bemerken, daß dieselbe dermalen zu den kurfürstlichen Kammeral-Gütern gehörig, und ausser dem Amte Rheinberg fast der einzige Plaz im Erzstifte sei, wo eingesessene Protestanten gedultet werden. Sie haben in Odenkirchen selbst eine Kirche. Auch ist eine schöne Papier-Fabrik allda. Unter diese Herrlichkeit theilen sich drei Rittersizze.

2) Adeliche Sizze des Amtes, siehe unten in dem Verzeichnisse (D).

3) Sonstige Dorf- und Ortschaften in dem Verzeichnisse (B). Nur gehöret Kaiserswerth cum annexis nicht mehr zum Erzstifte.

Amt Kempen.

Dasselbe enthält 1) Kempen, eine Stadt nebst einem Schlosse an der Gränze des Jülicher- und Gelder-landes. Erzbischoff Heinrich von Virnenburg umgab den Ort im J. 1308 mit Mauern, schenkte ihm Stadtfreiheiten, und darunter besonders die zween freie Jahrmärkte zu halten. Der Ackerbau und die Viehzucht blühen hier und in der
um-

umliegenden fruchtbaren Gegend mehr als irgend anders im Erzstifte, wie dann besonders die **Kempener Butter** einen besondern Ruhm der Güte hat, und einen wichtigen Gegenstand des Handels der dasigen Landbewohner ausmacht. Auch sind verschiedene Linnen-Manufakturen daselbst, welchen der zum Flachsbau sehr taugliche Boden und die schönen Bleichen zustatten kommen. Im J. 1642 wurde die Stadt von den Franzosen und Weimarischen; im J. 1678 wieder von den Franzosen, und zwar mit Sturm erobert. Uebrigens ist hier der Geburtsort des berühmten **Thomas von Kempen**; des kölnischen Geschichtschreibers **Gelenius** und anderer in der Litterargeschichte nicht unbekannter Männer. Auch ist ein Gymnasium, nebst drei Klöstern, da.

2) Die Flecken **Oedt**, auch **Oude**, **Ouda**, oder **Oyde** in alten Urkunden genannt, an der **Niers** gelegen. Erzbischoff **Walram** kaufte denselben, nebst seinem ehemaligen vesten Schlosse und der Advocatia in Kempen ꝛc. im J. 1349 von **Walramen**, Marggrafen von **Jülich**.

3) Die Herrlichkeiten **Anrath**, **Hüls**, **Neersen** und **Zoppenbroch**. Der Flecken **Hüls** hat zwei Nonnenklöster. Der nördliche Theil desselben heißt die **Moeursche Straße**, und gehöret zu der Grafschaft **Moeurs**. — Die Herrlichkeit **Neersen** ist nach Abgang der männlichen Linie der Grafen **von Virmont**, welchen sie ehedem zugehörte, und

und, nach einem langen Rechtsstreit, an das Erzstift gekommen, und zu den Kameral-Gütern gezogen werden.

4) Adeliche Sitze und

5) Sonstige Dörf- und Ortschaften siehe unten in den Verzeichnissen (D) und (B).

Amt Lynn und Urdingen.

Begreift 1) Lynn, ein Landstädtchen, eine halbe Stunde vom Rheine gelegen. Daßelbe beschenkte mit einem vesten Schloß und Burgerrechten im J. 1350 Erzbischoff Heinrich von Virnenburg. In alten Zeiten gehörte es unter die Besizthümer der Grafen von Cleve. Erzbischoff Friedrich von Saarwerden erhielt es gegen Abtretung der benachbarten Ortschaften Rees und Aspelen (welche nebst Calcar im J. 1071 Erzbischoff Anno von Irmgardis Gräfinn von Zurphen im Testament erhalten hatte) und gegen Erlegung einer Summe von einigen hunderttausend Gulden, wovon er einen Theil gleich baar abgab, für den Rest aber die Hälfte der Stadt Xanten verpfändete. Und von dieser Zeit an ist es immer am Erzstifte geblieben. Die Gegend herum ist waldicht, und diente ehemals den Landesherren oft zu Jagd-Lustbarkeiten. Im J. 1642 eroberten den Ort die Weimarischen.

a) **Urdingen**, diese erzstiftische Mutterpfarrstadt, dicht am linken Ufer des Rheines gelegen, wurde im J. 1330 vom Erzbischoffe Heinrich von Virnenburg, so wie Linz mit Mauern umgeben, und in der Reihe der Schlösser gebracht. Der Name Urdingen oder Ordingen soll von dem römischen Feldherrn Hordeonius Flaccus herrühren, welcher eben damals am Oberrhein kommandirte, als der edle Claudius Civilis, nachdem er seine Batavier frei gemacht, hier am Niederrhein herumschwärmte, und seine Schritte mit Sieg zeichnete. Was damals, besonders in dieser Gegend vorgefallen, ist geschichtskundig; und da hat es freilich geschehen können, daß an der Stelle, wo itzt Urdingen steht, Hordeonius ein Lager aufgeschlagen habe, um seinem Feinde das weitere Eindringen zu erschweren. Doch läßt sich hierüber gar nichts versichern. Im J. 1641 wurde der Ort von den Hessen fruchtlos belagert, brannte darauf bis zur Hälfte ab, und fiel im folgenden Jahre den Franzosen in die Hände. Von dieser Zeit an hat er sich trefflich erholet; wozu die Handlung, welche hier mehr als in irgend einer Stadt des Erzstiftes blühet, viel beigetragen hat. Es liegen immer eine Menge holländischer Schiffe daselbst vor Anker, und der viele Verkehr mit dieser Nation hat allmählich batavische Emsigkeit, Lebensart, und sogar den batavischen Geschmack in der Art ihre Häuser zu bauen und ihre Gärten anzulegen (denn der letztern giebt es um die Stadt überall sehr viele und sehr schöne) unter die Urdinger gebracht. Es wird hieselbst ein Rheinzoll, und seitdem

Kai-

Kaiserswerth an Kurpfalz abgetreten ist, der kurkölnische, ehemals zu Rheinberg, nachmals verschiedentlich bald zu Deuz, bald zu Köln, bald zu Neuß, bald in jenem Kaiserswerth gelegene Licent erhoben. Der Rhein schlägt itzt dicht an die Mauern der Stadt, von welchen er doch ehemals über dreihundert Schritte weit entfernt gewesen.

3) Nierst ist die einzige Herrlichkeit in diesem Amte.

4) Adeliche Sizze und

5) Sonstige Dorf- und Ortschaften kommen unten in den Verzeichnissen (D) und (B) vor.

Unter leztern ist Gelb merkwürdig, weil es das alte Castellum Gelduba sein soll, wovon Plinius und Florus reden.

Amt Rheinberg.

Darinn kommt vor 1) die Stadt Rheinberg, (Rhenoberka) auch Berg oder Berk genannt. Sie ist die lezte und Gränzstadt des Niederstiftes, und war in vorigen Zeiten sehr bevestigt. Im J. 1583 den 13 März bemächtigte sich derselben im Namen des Kurfürsten Gebhard Truchses Graf Adolph von Nuenar, worauf sie holländische Besazzung erhielt. Schon damals existirte der kur-
kö-

kölnische Licent neben einem Rheinzolle daselbst. Im J. 1589 den 24 Jan. verschrieb Kurfürst **Ernst** diese Zoll- Licent- und Kellnerei-Gefälle an den Grafen Peter von **Mansfeld** zum Pfande, welcher leztere auch am 3 Febr. des J. 1590 die Stadt mittelst Kapitulation für gedachten Kurfürst **Ernst** einnahm. Von dieser Zeit an blieb spanische Besazzung darinn, welche aber nicht verhindern konnte, daß Graf **Moriz** von **Nassau** im J. 1597 die Stadt nicht wieder einnahm. Doch blieb sie in den Händen des leztern nicht länger, als bis den 14 Oktob. des folgenden Jahres, wo die Spanier nach einer fünftägigen Belagerung aufs neue Meister davon wurden. Die Holländer fiengen am 10 Jun. 1601 wieder eine Belagerung an, und hielten **Rheinberg** vom 30 Jul. d. J., an welchem Tage es nemlich übergieng, bis ins J. 1606 in ihrer Gewalt. Am 22 Aug. des nämlichen J. belagerten die Spanier unter dem *Comte de Buquoi*, hernach unter dem *Marquis de Spinola* die Stadt von neuem; bekamen sie am 1 Oktob. durch Akkord in Besiz; und hielten sie sodann bis ins J. 1633 da sie ihnen am 2 Jun. der Prinz von **Oranien** wieder entriß. Von dieser Zeit an blieb bis ins J. 1672 immer holländische Besazzung darinn: denn als nach geschlossenem westphälischen Frieden der Kurfürst die Räumung der Stadt begehrte; fiengen die General-Staaten an, ein Recht der Besazzung hier für sich zu behaupten, weil ihnen dieselbe von Kurfürst **Gebhard** ehedem eingeräumet und von ihnen mit Kosten bevestiget sei. Die Franzosen räumten

sie

fie endlich am 6 Junius des gedachten Jahres, und
gaben Rheinberg an Kurköln zurück. Im J. 1689
mußte es eine Belagerung von der Reichsarmee aushalten; Im J. 1703 aber den 9 Febr. sich nach einem sehr hartnäckigten Widerstande an den preußi-
schen General Grafen von Lottum ergeben, und
sich darauf seiner Bestungswerker berauben lassen.
Während jenen unruhigen Zeiten wurde der Licent
von Rheinberg bald zu Kaiserswerth; bald,
nachdem auch leztere Stadt den Feinden in die Hände
fiel, zu Deuß; bald zu Neuß, bald zu Köln
erhoben. Gegen den Ausgang des vorigen Jahrhunderts endlich wich der Rhein, der schon in vorigen Zeiten bisweilen ausserordentlich in diesen Gegenden ausgetrocknet war, ganz von Rheinberg
ab, und änderte seinen Lauf dergestalt, daß lezteres
seitdem eine Stunde weit davon entfernt lieget.
Aus diesem Grunde mußte selbst der, eigentlich auf
Rheinberg haftende, Zoll nach Kaiserswerth
verlegt; mithin hier, nebst dem Licent ein doppelter
Zoll erhoben werden. lezterer kam schon früher;
der Licent aber erst, seitdem Kaiserswerth mit
seinem angehörigen Zolle von Kurpfalz eingelöset
worden, im J. 1762 nach Urdingen. Von dem
Ertrage dieses Licents in ältern Zeiten wissen wir
nur, daß derselbe im März des J. 1673 gewesen
sei Licentgeld 1587 Thlr. *) 17 stbr. Stadtgeld *)

---

*) Nämlich Licentthaler, jeden zu 30 stbr. ge-
rechnet.

geld *) 105 Thlr. 22 stbr. Billetgeld **) 24 Thlr. — Im April: Licentgeld 208 Thlr. 24 stbr. Stadtgeld 138 Thlr. 17 stbr. Billetgeld 27 Thlr. 14 stbr. — Im Mai Licentgeld 179 Thlr. 7 stbr. Stadtgeld 114 Thlr. 17 stbr. Billetgeld 25 Thlr. 2 stbr. — Rechnen wir nun, wie sehr sich von jener Zeit an, blos die Consumtion deren, über Holland den Rhein hinauf kommender Waaren des luxus, z. B. Kaffee, Zucker, Tabak ꝛc. vermehret habe: so läßt sich errathen, daß jener Ertrag in unsern Zeiten ungleich wichtiger sein müsse. — Sonst hat die Stadt eine reformirte Kirche. —

2) Die Herrlichkeiten Alpen und Kamp. Jene gehöret den Herrn Grafen von Bentheim-Steinfurt, und hat ein Städtchen gleiches Namens mit einem Schlosse und einer reformirten Kirche. — Die reiche Cistercienser-Abtei Camp oder Altencamp besizzet die andere. Der Abt schreibt sich: Primas in Teutschland, und Herr der Herrschaften Camp und Strömmert (oder Strohmoeurs, in der Grafschaft Moeurs gelegen).

Bei

---

*) Heißt das Geld, welches zur Unterhaltung der Ufer, Thoren, Brücken u. dgl. erfodert wird. Dasselbe bestand hier in 2 stbr. von jedem Licentthaler.

**) Ist das Geld, welches auf die Unterhaltung der Garnison gehet, dergleichen eine in der Stadt, wo der Licent erhoben wird, nöthig ist.

Bei diesem Kloster fiel im J. 1760 ein Gefecht zwischen den französischen und alliirten Truppen, zum Vortheile der erstern, vor.

3) Adeliche Sizze und

4) Sonstige Dorf- und Ortschaften, siehe unten in den Verzeichnissen (D) und (B).

Issum ist ein ansehnliches Dorf, welches eine katholische und reformirte Kirche hat, und der Siz der ehemaligen Grafen von **Issum** war.

Das ganze Amt ist von dem übrigen Erzstifte gleichfalls abgeschnitten, und wird von der Grafschaft **Moeurs**, fort von dem **Gelder-** und **Cleverlande** überall umgeben.

in diesem Kloster hat im J. 1760 ein Bischof zu Khon den Fronleichnam und das heil. Sacrament zum Oberheits-Befestigen von

3) Weltliche Ehre und

4) Gemeiner Dorf- und Dorfs- Fron, Röhr, wie in den Dörfern Döppen (D) und (E).

Jijum ist ein ansehnliches Dorf, welches eine katholische und reformirte Kirche hat, und vormals der ehemaligen Grafen von Jijum war.

Das ganze Amt ist von dem Oberamt Grymm abseits abgeschnitten, und wird von der Oberschaft Moersen, fern von dem Osten, und Gerveralnte überall umgeben.

Beilagen.

Gedichte

A.
Eintheilung
des
Erzstifts Köln
Archidiakonate und Diakonate
oder
Christianitäten.

Die Archidiakonen sind später in der kölnischen, als in andern Kirchen angesetzt worden. Wenigstens läßt sich erweisen, daß man in der Mitte des XI. Jahrhunderts darinn noch nichts von ihnen wußte, und sogar erst im Anfange des XII. kaum einige Nachricht in Urkunden von ihnen finde. Erst werden die vier Probsteien des Domstiftes zu Köln, und der Collegiaten zu Bonn, Xanten und Soest dazu ausersehen, welche auch durch eigene, in diesen Oertern angesezte, Officialen die Gerichtsbarkeit über geringere Kirchensachen ausübten, und, je welches Viertheil des Erzstiftes einem jeden zugefallen war, in demselben Visitationen hielten.

Erst in der Folge kam der Dechant jenes Domstiftes, als der fünfte Archidiakon hinzu, welcher, da er den Neusser und Düsseldorfer Distrikt erhielt, seinen Official in Neuß ansezte. Dem Dechant zu St. Marien ad Gradus in Köln fiel nachher noch der Dortmunder

munder Diſtrikt, und einigen Aebten, welche andere kleine Ortſchaften mit einer gewiſſen Gerichtsbarkeit zu.

Dieſe Archidiakonate nun ſind in Dekanate oder Chriſtianitäten, und dieſe wieder in Kammern eingetheilt. Welche den Dekanaten oder Chriſtianitäten vorſtehen, werden Erzprieſter oder Landdechante genannt, und haben an den Vorſtehern der Kammern oder Kamerarien gleichſam ihre Gehülfen.

Kamerarius heißt auch nur derjenige, welcher den 19 Pfarr-Diſtrikten oder Kirchſprengeln in der Stadt Köln, oder der ſogenannten Chriſtianitas vrbana vorſtehet. Die Pfarrer dieſer 19 Sprengel gehen an Rang auf den Diöceſan-Synoden und ſonſt allen Landdechanten vor, und nennen ſich in Schreiben an den Erzbiſchoffen, gleich den Domherrn und Häuptern der Kirchen, Sacellani, da der ganze übrige Clerus ſich Unterthan unterſchreibet. Die vier erſtern darunter, nämlich die zu St. Kolumba, zu klein St. Martin, zu St. Laurenz und zu St. Alban, oder die vier ſogenannten Summi pœnitentiarii, haben noch das beſondere Privilegium, daß ſie, gleich den Domherren, am Hochaltar des Doms celebriren dörfen.

Auf der, im Jahre 1550 (und alſo eben noch vor der Zeit, als durch die Reformation, und durch Erhöbung der Kirche von Utrecht zu einem Erzbiſthume einige Chriſtianitäten theils ganz eingiengen, theils von Köln getrennt wurden, theils endlich ihre Namen änderten) in Köln gehaltener Synode werden die Namen der Chriſtianitäten folgendermaſſen hergezählet: „Deinde recitata fuerunt nomina, & adnotati præſentes Decani rurales ſeu Chriſtianitatum videlicet *Ardenſis, Bonnenſis, Tulpetenſis, Eifflicenſis,*

Silber-

125

Silbergensis, Juliacensis, Berchemensis, Geldrensis, Nouiomagensis seu *Zefflicensis, Suchtelensis, Wattenschedensis, Sandensis, Tremoniensis, Turiensis, Ladenschedensis, Wormbachensis, Assindiensis.* — Nachher werden in dem Verzeichnisse der abwesenden Dechante zween hinzugesetzet folgendermassen: *Juliacensis, Wattenschedensis, Sandensis, Tremoniensis, Attendoriensis, Dusbungensis & Wormbachensis,* mit dem Anhange „Wilhelmi Juliæ, Montium & Cliuiæ Ducis & Marchiæ comitis thetu & litteris quosdam Decanos Iditionum eius æterritos absentiam excusasse.‟

Die Decreta von Heinrich vom Jahre 1356 sprechen im 7ten Statut noch von zwo andern Christianitäten mit folgenden Worten: „Monemus omnes & singulos iurisdictionem habentes & non habentes, specialiter *Tremoniensem*, in *Witten*, in *Hagen*, & in *Essende* Christianitatum Decanos.‟

Anderwärts kommen neben den angeführten noch vor: die Attenscheider, Geseker und Halverer, item die Iserloer Christianitäten. Die letztere heißt itzt die Attendorer. Wattenscheid aber liegt bei Altena in der Mark, so wie Lundscheit, vor Halver bei Rhad am Walde und den Gränzen des Bergischen Gebiets. Eben so liegen Witten jenseits der Rur, und Hagen diesseits bei Volmestein in der Mark. Nun haben jene Christianitäten zu den Zeiten der Reformation nicht nur ihre Namen verloren, sondern sich entweder ganz oder doch größtentheils der geistlichen Gerichtsbarkeit des Erzbischoffes von Köln entzogen.

Und, nachdem nun noch von der Arkæner die Bonner Buraner oder Burger; und von der Neußer die Düsseldorfer getrennt worden, so kommen heutzutage folgende Christianitäten in allem vor: die Ar-
kuener

Luener Buraner oder Bonner; die Zülpicher; die Eiffler; die Siegburger; die Jülicher; die Berchemer; die Bucheler; die Neusser; die Wattenscheider; die Xanter; die Soester; die Dortmunder; die Denzer; die Attendorrn; die Meschederer; die Recklinghauser; die Medebacher; die Wormbacher; die Lundscheider; die Essender; die Düsseldorfer; die Geseker; und die Duisburger.

Neben diesen finden wir noch einige kleinere Christianitäten, als: die Malmundarer und Gißlicher von eilf Pfarrer, welche mit der Zülpicher vereiniget ist. Der Abt von Steinfeld redet in einem, an Erzbischoff Maximilian Heinrich im Jahre 1655 abgelassenen Schreiben von seinem Rechte folgender massen: "Steinfeldensis matrix parochia habet tres curatas parochias, Sistig, Hall & Wildenberg: vtramque iurisdictionem exercet in suo districtu, in parochias & parochianos: habet iura archidiaconale, Synodi, & cum causarum cognitione in comitatu Schleidano, Dominiis Reifferscheid & Wildenburg. Et dictorum locorum curiones ab ipso inuestiuntur, item parochialis in Duynwalds ab immemoriali, vt ostensum est Ferdinando Archiepiscopo ab Anno 1647."

Der Dechant zu Kaiserswerth prätendiret das Recht eines Landdechants über Juch bei Himmelgeist, und Kreuzberg bei Kaiserswerth. Auf Unna und Herbede machet der Abt von Deuz Anspruch.

Sequitur

Status Præpositurae
Et Archidiaconatus Bonnensis.

Subsunt in vniuersum Archidiaconatui Bonnensi censum et octuaginta octo ecclesiae, quarum tum paucæ Filiales... *Capella*; *in quinque sequentes Decanatus rurales*, *vt vocant*, *distinctæ*: *in quibus singuli Decani sui Archipresbyteri præsunt, qui quotannis synodos seu capitula celebrant.*

Aræ S. Barbaræ siue B. M. Virginis sunt.

Primus est *Arcuensis* Decanatus, octuaginta nouem ecclesias cum honestijs complectens, Capitulum seu Synodum in collegiata ecclesia S. S. Cassij & Florentij in choro S. Barbaræ, vt vocant, feria quartâ post Dominicam oculi, Pastores annuatim celebrant.

Pastores Decanatus Arcuensis.

Abendorf.
Altare S. Crucis ibidem.
Aldenau.
Altare S. Crucis ibidem.
Altare S. Antonij ibidem.
Capella S. Antonij non procul ab arce Creuzberg.
Arweiler.
Altare S. Nicolai ibidem.
Altare S. Sebastiani ibidem.
Altare S. Joannis ibidem.
Altare S. Crucis ibidem.
Bachum superior.
Bachum inferior.
Bengenhoven.
Berg S. Lufttildis.
Birgel.
Blasweiler.
Bodendorf.
Bornheim.
Brysich superior.
Brysich inferior.
Altare B. M. Virginis ibid.

Altare S. Nicolai ibidem.
Berkum.
Brenich.
Buschhoven.
Daun vulgo Kirchdaun.
Dernaw.
Dumpelfeld.
Flerzheim.
Franken.
Frizdorf.
Geldsdorf.
Graven-Rheindorf.
Hersell.
Heimersheim auf der Aahr.
Hersbach.
Hilberoth.
Holzweiler.
Hönningen.
Houveroth.
Jppelendorf.
Keldenich.
Kesseling.
Königsfeld.
Lind.

Loen-

Loenborf.
Melheim.
Martini prope Trevelsdorf.
   Altare S. Barbarae ibid.
   Altare B. M. Virginis
     ibidem.
Metternich.
Meischos.
Miel.
Murrenhoven.
Mutscheid. -
Muffendorf.
Neukirchen in der Sürst.
Neukirchen an der Sweest.
Oberwinter. *
Oedingen. *
Ramershoven.
Reimbach.
   Altare S. S. Apostolorum
     ibidem.
   Altare S. Crucis. ibidem.

Remagen.
Ringen.
Roesberg.
Ruperath.
Saar.
Sechtem.
Sinzig.
Swadorf.
Swest aufm Berg Capella.
Villip.
Vischel.
Unkelbach. *
Urfel.
Walburgenberg.
Waldorf ad Ahram.
Waldorf ad Montes.
Weilerswist.
Wesseling.
Widdig Capella.
   Altare S. Georgii.
Wurmersdorf.

Secundus est *Decanatus Buranus* siue *Burgi*, tempore Ferdinandi Ducis Bauariae, Praepositi & postmodum Archiepiscopi Coloniensis, ex Arcuensi ob eius Beneficiis, Capitulum Bonnae in parochiali ecclesia S. Martini, feria secunda post Dominicam Reminiscere celebratur.

Pastores Decanatus Burani.

Alfter.
   Capella S. Antonii in
   Dransdorf.

Bonnae S. Remigii.
Bonnae S. Gangolphi.
Bonnae S. Martini.
            Car-

---

* Filiales.

Carweiler.	Capella in Duisdorf.
Dietkirchen. *	Lymersdorf.
Dottendorf.	Muckenheim.
Ersdorf.	Capella S. Stephani ibid.
Eckendorf.	Item B. M. Virginis.
Endenich.	Neerendorf. **
Friesdorf.	Rungsdorf.
Kessenich.	Capella S. Euergisli in
Lengsdorf.	Plittersdorf.
Lessenich.	Wodenheim.
Capella in Gielsdorf.	Witterschlick.

Tertius est *Decanatus Tolpiacensis*, centum & sexdecim Ecclesias cum beneficiis & sacellis sub se habens. Illi adiunctus est *districtus Oistlingiæ*, ex vndecim parœciis compositus, cui Decanus Tolpiacensis iure archidiaconali specialiter præest. Synodus siue Capitulum celebratur feria quinta post Dominicam Reminiscere, in parochiali ecclesia D. Petri Tulpeti.

Antweiler.	Klein Büllesheim.
Abenden.	Commeren.
Berg prope Niedecken.	Disternich.
Personatus ibidem.	Drimborn Capella ibidem.
Berg prope Ulosdorf.	Dockweiler Beneficium sub
Berenstein.	Lommersdorf.
Bessenich. *	Dreeß.
Blenz. *	Drove.
Bleyburg.	Esch.
Boor.	Embken. Capella S. Ger-
Burvenich.	trudis ibidem.
Grossen Büllesheim.	Errp. Vicaria S. Nicolai.
	Elvenich.

*. Ist dermal auch in Bonn. — ** Filialis.

Elvenich.
Elsich.
Euskirchen. Altare S. Antonii ibidem.
    Altare S. Crucis ibidem.
    Altare S. Martini ibidem.
Esch.
Enzen.
Ewenheim.
Garcem.
Gelkem.
Gladbach.
Hausen. *
Hergarden.
Heimbach.
Hoven S. Maximini.
Hoven S. Margarethæ.
Junkersdorf. *
Jenich.
Kirschpenich.
Kirchheim.
Kirchheim S. Nicolai.
Kuchenheim S. Lamberti.
Krüzaw, Altare B. M. V. ibidem.
Langendorf. *
Lessenich.
Lovenich. *
Lossem. *
Lommersdorf.
Mechernich.
Merzenich.
Muddersheim.
    Altare S. Crucis ibidem.
    Altare S. Virginis ibid.

Nidecken.
Niederaw.
Oleff.
Olheim.
Odendorf *alias* Undorf.
Pissenheim. Capella S. Jacobi ibidem.
Roevenich. *
Ringsheim.
    Capella S. Stephani curata in Sweinheim.
Roerheim.
Rüdesheim.
Swerven.
Severnich.
Sinzenich.
Soller.
Stockheim.
Strasfeld.
Stozheim. Vicaria ibidem.
Sceven.
Tulpeti Divi Petri.
Tulpeti B. M. Virginis.
Tulpeti S. Martini.
Vedtweis.
Vrotzheim. Vicaria B. M. V. ibidem.
    Vicaria S. Crucis ibidem.
Vlatten.
Ulpenich. *
Vriesheim.
Vlamersheim.
Vey.
Satzvey.
Wollersheim. *

Wei-

---

* Filiales.

Weiler auf der Innen.	Belva.
Wichterich. Capella B. M. V. ibidem.	Büllingen.
	Butgenbach.
Weiler Capellania.	Conzen.
Weidesheim. Altare S. Antonii ibidem.	Kaldenheimberg.
	Malmundarium.
Weingarten.	Monsovia.
Weiskirchen.	Rechta.
	Semrad.
Districtus Oistlingæ.	Weims. †
Albania. (*Amblavia.*)	

Quar-

---

† *Tolbiacensis* hic Decanatus duas habet *cameras* cis & trans ripam. *Euskirchen* gaudet Hospitali, in quo Capucini celebrant, & Ecclesiam in *Kescenich*.

Prope *Kircheim* & in *Burvenich* Parthenones sunt Virginum nobilium Cisterciensium sub Heisterbacensi Abbate.

In *Hoven* similis sub Abbate veteris montis.

Prope *Heimbach* monasterium Cisterciense virorum nemoris B. V.

In *Odendorf* Partheno S. Augustini Stella maris auf der Eßig dictus est.

Similis ei in *Stoltzheim* sub cura Pastoris, & in *Wisweiler* alius titulo S. Antonii in Herzen.

Sub S. Petri Tolpiaceni parochia iacent sacella curata Lövenich, Vlpenich, Merzenich, Nemenich, Rovenich, Lossen, Langendorf, quondam a Benedictinis Siburgensibus sub Præposito Tolpiacensi administrata.

Subsunt S. Mariæ Tulpetensis curæ Ecclesia in Immendorf, & pagi Grich & Fuscenich, ubi est

Quartus est *Decanatus Eifflæ.* Is septuaginta sex Ecclesiis & Beneficiis comprehenditur. Capitulum bis in anno, primum feria quinta post festum S. Lucæ, secundum feria secunda post Dominicam Cantate, Monasterii-Eifflæ in collegiata ecclesia Ss. Chrysanti & Darii a parochiis aditur.

Pastores Decanatus Eifflæ.

𝔘𝔟𝔢𝔫𝔞𝔴. | 𝔄𝔫𝔱𝔴𝔢𝔦𝔩𝔢𝔯.
𝔄𝔩𝔢𝔫𝔡𝔬𝔯𝔣. | 𝔄𝔴.

𝔄𝔟𝔱=

est nobilium virginum præmonstratensium cœnobium & Abbatissa Rectrix.

Pastor S. Martini Tulpeti est Steinfeldensis, cuius duo socii Capellas Bessenich & Severnich administrant.

Sunt etiam Tolpiaci Capucini.

Porro exemti a visitatione Capituli & ad comparendum eorum locorum Rectores dicuntur: *Rinscheim* & *Schureinheim*, *Rutaheim*, *Lindendorf*, *Cochenheim* S. Lamberti, *Niderberg* in camera prima, deinde *Niedecken*, *Bergstein*, *Fuscenich* & Burvenich duo Conuentus.

In *Reichstein* Prioratus est sub patre Steinfeldensi.

Amblaviæ parochia per Sacellanum has filiales *Meiradt*, *Heppenbach*, *Markenbach*, *Walrodt*, *Bomburi* administrat.

Bullingen duas *Wirzfeld* & *Muringen* filiales numerat ecclesias.

Malmundarii præter amplissimum S. Benedictini cœnobium Capucini & Partheno S. Sepulchri uigent.

Ahrburg.
    Mons S. Arnolphi vulgo Arenberg.
Barweiler.
Berendorf.
Bettingen.
Billig. *
Blankenheimerthal.
Blankenheimerdorf.
Brachscheid.
Budenrath. *
Calcar sub Münstereiffel. *
Cronenburg.
Daun.
Dalheim. *
Dallendorf.
Dockweiler.
Dumpelfeld.
Dorsell.
Dottelen.
Esch.
Eschweiler.
Ewersheim. *
Effelsberg.
Hummelen.
Hillesheim.
Hilgerod.
Honningen. *
Holzheim.
Kaldenbornbach.
Kaldenreifferscheid.
Kelberg.
Kelbenig.

Kirmersheid. *
Killoppidum.
Lysendorf.
Lommersdorf.
Mehren cum Capella.
Dachscheid.
Marmagen.
Manderfeld.
Montium Eifliæ.
Mülheim.
Niederehe.
Nöthen. *
Nurburg. Capella ibidem.
Oberehe.
Ormünden.
Ripsdorf.
Rockenkill.
Rhor.
Sarresdorf.
Scholt.
Schonau.
Schmidheim.
Stadtkill.
Steinborn.
Tagscheid.
Tondorf.
Udenbret. *
Ulmen.
    Altare B. M. V. ibidem.
    Altare S. Georgii ibid.
Udelhoven.
    Vicarius ibidem.
Uß.
    Urheim.

---

* Filiales.

Uxheim. |Wershoven.
Wisbäumen. |Weinfeld.
Weyer. |Zinsheim. †

Quintus est *Decanatus Sigburgensis* ex octuaginta vna Parochia cum Beneficiis Sacellis compositus, quotannis in oppido Siegburgensi, feria quarta post dominicam Cantate, in parochiali ecclesia *S. Seruatii*, Synodum seu capitulum celebrat. Plurimæ ecclesiæ in hoc Decanatu, qui per Ducatum Montensem late extenditur, ab hæreticis subtractæ sunt. Liberam cæteroqui constitutionem & electionem Decani, dicti Capituli, contra prætensionem Abbatis Siegbergensis, modernus D. Præpositus authoritate & præsentia sua Pastoribus siue Curatis asseruit.

Pasto-

---

† Hic Decanatus late per Eiffliæ comitatus, & ipsam Treuirensem ditionem præsertim Daunensem præfecturam extenditur, id ex patronis parochiarum, qui ius repræsentandi habent, cognoscetur. Duas habet cameras, superiorem & inferiorem. Superioris hæ parochiæ iuris Treuirensis sunt. *Hillgeradt*, *Hillesheim* oppidum, *Kilvilla*, *Steinborn*, *Weinfelt*, *Daun*, *Mehren*, *Vlmen*, *Kelberg*, *Berendorf*, & ex inferiori camera ad Treuirensem *Awe* & *Manderfeld* spectant. Ad superiorem Cameram pertinent etiam *Niederehe*, Parochia cum Prioratu præmonstratensi, *Vdelhouen*, *Dockweiler*, & *Vxheim* in Kerpensi dominio.

In Comitatu *Gerolsteinio* iacent *Bettingen* & *Saresdorf*. In satrapia Nurberg ius confert Elector; at Nurberg Burgmanni præsentant, *Caldenborn* nobiles Hillesheim. Commendator. S. Joannis repræsentat in *Adenaw*, *Aldendorf*,

Cro-

Pastores Decanatus Siegburgensis.

- Aldenkirchen.
- Aldenrath.
- Alstadt.
- Alpenrads.
- Asbach.
  - Vicaria B. M. V. ibidem.
- Berenbach.
- Bercheim.
- Blankenberg.
- Breitbach.
  - Vicaria ibidem.
- Cassel superior.
- Cassel inferior.
- Erobach.
- Dattenfeld.
- Droisdorf.
- Dollendorf inferior.
- Dollendorf superior.
- Eckenhagen.
  - Altare B. M. V. ibidem.
- Eitorpp.
- Erpell. Duo Vicar. ibidem.
- Flamersfeld.
- Geverzhagen.
- Geistingen.
- Gymborn.

Gom:

Cronenburg, Kirmerscheids; Abbas S. Maximini Barweiler & Vxim; Elector Coloniensis. Alten-Reifferscheid, Comes Manderscheid Gerolstein, vt Dominus in Cronenburg, repræsentat Ormunden, Vdeubrets, Lissendorf; Kille oppidum & Dalbeim Comes repræsentat, Dottel comes de Marca, Ziuzbeim alternis uicibus Manderscheid-Blankenheim & Gerolstein. Blankenheim in vallo & pago ac *Esch* Comes in Blankenheim, *Dollendorf* Comes de Keil, *Marmagen* sub Steinfeldensi Abbatia nobiles de Putzfeld. Princeps Arenbergicus Patronus est in *Arenberg*, *Wersboven*, *Lommersdorf*, *Antweiler*, *Roer*, *Dorsel*. Decano Monasteriensi subiiciuntur *Euersheim*, *Eschweiler*, *Budenradt*, *Nothen*; Est autem Monasterii *Collegiata ecclesia*, Societatis Jesu *Collegium*, Cœnobium *Capucinorum*, Partheno *Discalceatarum*.

Sommersbach.
Hoenrodt.
Henneff.
Happerschos.
Hachenburg.
Hamme.
Herchingen.
Honneff Cap. B. M. V. ibid.
Ittenbach.
Kirburg.
Königswinter. Vic. ibid.
Kudekoven.
Lahr.
Libbethausen.
Loiner.
Luscheid.
Morsbach.
Mehren.
Mons S. Aegidii. *
Menden.
Mondorf.
Masbach.
Much.
Niederpleis.
Neunkirchen.
Numbrich.

Oberpleis.
Odenspiell.
Overroth.
Romershagen.
Reidt.
Rospach.
Ronderabt.
Rupichderods.
Salscheid prope Neukirchen.
Siegberg.
Sieglaer.
Stieldorf.
Uckerods.
Vylich.
  Altare Ss. Trinitatis ibid.
Unkel.
  Altare S. Nicolai ibid.
  Altare XIV. Ss. Auxiliatorum ibidem.
Waldbroel.
Walscheid.
Weidenist.
Windhagen.
Winterscheid.
Wissen. Vicaria ibidem.
Ziffendorf. Altare B. M. V. †

* Filialis. — † *Siburgi* nobilium virorum O. S. Benedicti Abbatia est a S. *Annone* fundata: *Heisterbaci* Cisterciensis Abbatia. *Vilicense* nobilium Canonicarum Collegium a Mengozo Gelriæ comite fundatum: *Reindorpense* simile ab *Arnoldo II.* Col. Archiep. Circa *Blankenbergum* coenobium est Regularium Canonicorum S. Augustini, Partheno Augustinianus, & Minorum Conuentualium Asceterium tempore S. Francisci conditum.

Metro-

METROPOLITANO
Præposito & Archi-Diacono

Subſunt Decanatus *Berchemenſis*, *Juliacenſis*, *Attendorienſis*, ex parte olim eidem etiam *Noueſienſis*, *Tuitienſis*, *Wormbacenſis* paruerunt.

Berchemenſis 120 *circiter parochias uel curatas numerat ecclefias.*

Albenrads.
Angelſtorf.
Anweheim.
Auſen ſuperius.
Auſen inferius.
Badorf.
Berchem.
Berchemerdorf. (Sub hac parochia conuentus eſt. Recollectorum Bethlehem dictus.)
Beerdorf.
Bachum ſuperius.
Bachum inferius.
Blatzem Cum parthenone Ciſtercienſi.
Bell.
Binsfeld.
Bollem cum parthenone Königsdorpienſi Benedictino.
Bottenbruch cum Ciſtercienſi Conuentu.

Boiſcenich Sacellum ſub Reienberg.
Braweiler inſignis S. Benedictini Abbatiacum parochia.
Balchauſen.
Baweiler.
Barenſtein.
Betberg prope Dieck.
Betburg oppidum habens conuentum Eremitarum S. Auguſtini.
Berga prope Wickeradt.
Brula (alit etiam Recollectos, & parthenonem Ciſtercienſem *Marienbenden* uicinum.)
Blieſſem prope Lechenich.
Buckelmund.
Buitz.
Buſtorf.
Carpen oppidum collegio Canonicorum & capella prope

prope Weuelinghouen
ornatur.
Crile prope Coloniam.
Dirmischen sub Lechenich.
Efferen.
Elsen.
Elfften.
Elstorf.
Emmenrads.
Embs superius.
Embs inferius.
Eps.
Eisweiler.
Eschermühl.
Eschweiler.
Frawenmüllesheim (Sacellum sub Binsfeld.)
Fremerstorf.
Fischenich (Sacellum curatum sub Efferzen iam parochia.)
Frechen.
Gratzweiler.
Geyen.
Geilrads.
Geisenkirchen.
Gerode.
Glessen.
Glesch (Sacellum sub Paffendorf.)
Glewel (sub qua Burbaeus partheno Cisterciensis situs est.)
Gimmenich.
Gostorf.
Gotzen.
Goltzenkirchen.

Greyenbruch, conuentus in ea Cisterciensis est.
Gunterstorf.
Heddinghoven.
Hemmerden.
Hemmersbach.
Herten (Sacellum sub Hurten.)
Hippendorf.
Honningen.
Hohkirchen.
Holzweiler.
Huickhoven.
Hurt.
Immendorf.
Juchem
Juntersdorf.
Kels.
Keyenberg.
Kendenich.
Kirchenter.
Kurdorf tria.
  1. prope Braweiler.
  2. prope Bedburg.
  3. prope Lechenich.
Königshoven.
Lechenich (Recollectorum conuentu gaudet.)
Liblar.
Lick.
Lipp.
Lovenich duo
  1. prope Holtzweiler.
  2. prope Braweiler.
Manheim.
Marterf, cum Heucheln &

Clas

Clarendorf (Sacella tria sub Frechen.)
Mechenich.
Mereken.
Mülheim.
Mundt.
Nettesheim.
Neukirchen duo, prope Wandlo & Hulkerads.
Neuradt.
Newerhusen.
Norvenich.
Obenkirchen.
Oeckhoven.
Ohenradt (Sacellum sub Keyenberg.)
Ollinissen.
Paffendorf.
Pingsheim.
Pollein.
Quadrat.
Rodenkirchen.
Rommerskirchen.
Stommelen.
Surds.
Syndorf.
Torr.
Trostorf. (Sacellum sub Herten.)
Wandlo.
Welkenberg (habet Conuentum Religioforum tertiæ regulæ S. Franc.
Wenradt (Sacellum sub Wandlo.)
Wevelinghoven (Sub hac Langwaden partheno præmonstratensis est.)
Wisterheim.

Juliacensis Christianitas

Sub eodem Archi-Diacono Metropolitano parochias 75. numerat.

Affden.
Aldenhoven oppidum (Sacellum in medio habet cum Sacro quotidiano, hospitale & duos curatos pagos.)
Schleiden &
Durboslar filiales.

Alsdorf.
Baeckwiler.
Bardenberg.
Barmen.
Bassweiler.
Beckendorf.
Berga S. Laurentii.
Bettenhoven.

Bir-

Birkesdorf.
Boesdorf.
Brackelen.
Broich.
Coslar.
Cyr superius.
Cyr inferius.
Ederen.
Eicks.
Elendorf.
Ellen.
Eschweiler.
Freyaldenhoven.
Gevenich.
Glimbach.
Gressenich.
Gurzenich.
Gusten.
Hambach.
Haren filialis Wurselensis.
Hasselsweiler.
Hoengen.
Huinschoven.
Immendorf.
Inden.
Indensis nobilium virorum Ordinis S. Benedicti Abbatia.
Juliacum incolit collegium Canonicorum, Patres S. J. Capucini, partheno S. Sepulchri.
S. Catharinæ prope Schonforst.
Kinzweiler.
Kirbergh.
Korrenzich.

Lamersdorf.
Lendenstorf.
Linnich coenobium habet Minorum, & Sanctimonialium tertiæ regulæ S. Francisci.
Lohn.
Lovenich.
Marcoduri degunt Patres S. J. Recollecti, Capucini, Sanctimoniales annunciatæ & ægris seruientes.
Merkstein.
Merschen.
Merzenich.
Mirweiler.
Morschenich.
Mundts.
Oidtweiler.
Pescheten.
Porcetum parthenone nobilium virginum cisterciens. decoratur.
Promeren.
Pyr.
Rodigen.
Speil.
Selcherstorf.
Stetterich.
Tetz.
Tiz.
Uback.
Urelenberg.
Arnolsweiler.
Gereosweiler.
Theodoriciweiler.

Weda.

Weba.
Weisweiler.
Welz.
Wurmb.

Wurselen.
Xierstorf habet commendam ordinis Teutonici.
Zetterich.

Sunt præter dictas in hoc Decanatu hæ quoque capellæ.

In Alstorf.
Amulen.
Borchem.
Distelrods.
Doen.
Frenz.
Geich.
Hella.

Hellradt.
Hoffert.
Kofferen.
Palemberg.
Pateren.
Stalberg.
Sugrondt.

TUITIENSIS DECANATUS

In Montensi Ducatu olim Sub *Præposito Metropolitano* fuisse dicitur, nunc sub *Cunibertino* est. Parochias numerat 52.

Bechen.
Bensburg.
Burich.
Burgh.
Burscheidt.
Daverkausen.
Deuz Tuitium habet insignem S. Heriberti ordinis S. Benedicti Abbatiam.
Dunwald partheno fuit præmonstratensis, nunc

Seminarium est ordinis eiusdem.
Durscheidt.
Engelskirchen.
Ensen.
Flittardt.
Gladtbach.
Huchestwagen.
Herfenradt.
Hohecapell.
Immerkeppel.

Kur-

Birkesdorf.
Boesdorf.
Brackelen.
Broich.
Coslar.
Cyr superius.
Cyr inferius.
Ederen.
Eicks.
Elendorf.
Ellen.
Eschweiler.
Freyaldenhoven.
Gevenich.
Glimbach.
Gressenich.
Gurzenich.
Gussen.
Hambach.
Haren filialis Wurselensis.
Hasselsweiler.
Hoengen.
Huinschoven.
Immendorf.
Inden.
Indensis nobilium virorum Ordinis S. Benedicti Abbatia.
Juliacum incolit collegium Canonicorum, Patres S. J. Capucini, partheno S. Sepulchri.
S. Catharinæ prope Schonforst.
Kinzweiler.
Kirbergh.
Korrenzich.
Lamersdorf.
Lendenstorf.
Linnich coenobium habet Minorum, & Sanctimonialium tertiæ regulæ S. Francisci.
Lohn.
Lovenich.
Marcoduri degunt Patres S. J. Recollecti, Capucini, Sanctimoniales annunciatæ & ægris seruientes.
Merkstein.
Merschen.
Merzenich.
Mirweiler.
Morschenich.
Mundts.
Didtweiler.
Pescheten.
Porcetum parthenone nobilium virginum cisterciens. decoratur.
Promtren.
Pyr.
Rodigen.
Speil.
Selcherstorf.
Stetterich.
Tetz.
Titz.
Ubach.
Urelenberg.
Arnolsweiler.
Gereosweiler.
Theodoriciweiler.

Weda.

Weda.
Weisweiler.
Welz.
Wurmb.

Wurselen.
Xierstorf habet commendam ordinis Teutonici.
Zetterich.

Sunt præter dictas in hoc Decanatu hæ quoque capellæ.

In Alstorf.
Amulen.
Borchem.
Distelrods.
Doen.
Frenz.
Geich.
Hella.

Hellradt.
Hoffert.
Kofferen.
Palemberg.
Pateren.
Stalberg.
Sugrondt.

TUITIENSIS DECANATUS

In Montensi Ducatu olim Sub *Præposito Metropolitano* fuisse dicitur, nunc sub *Cunibertino* est. Parochias numerat 52.

Bechen.
Bensburg.
Burich.
Burgh.
Burscheidt.
Daverkausen.
Deuz Tuitium habet insignem S. Heriberti ordinis S. Benedicti Abbatiam.
Dunwald partheno fuit præmonstraténsis, nunc

Seminarium est ordinis eiusdem.
Durscheidt.
Engelskirchen.
Ensen.
Flittardt.
Gladtbach.
Huchesvagen.
Herkenradt.
Hohecapell.
Immerseppel.

Kur=

Kurten.
Lennepium coenobium habet Minorum.
Luttringhusen.
Lulstorf.
Lintlahr.
Langell.
Leichling.
Luzenkirchen.
Mülheim.
Merheim.
Neukirchen.
Obendahl.
Oelpe.
Opladen.
Paffrath.
Rindorf.
Reusrads.

Radt vorm Waldt.
Remscheidt.
Solingen.
Sand.
Schlebuschradt.
Steinbuchel.
Steinhausen.
Volperg.
Urbach.
Witzheller.
Wipperfeld.
Wipperfurt.
Wermerskirchen.
Waahe.
Westorf.
Zundorf superius.
Zundorf inferius.

DUSSELDORPIENSIS DECANATUS

Confinis Tuitiensi, recens a Nouesiensi præcisus, olim Præposito, nunc Decano metropolitano subest.

Parochias circiter 32. censet, acatholicis mixtus est, quibus *lit.* A. præfixa cernitur.

Benrabe.
Bilch.
Calchum.
Dusseldorpium alit Canonicorum & S. J. collegia, Crucigerorum, Recollectorum & Caputinorum coenobia; Discalceatarum & Annunciatarum parthenones.
Duffel.
A. Elverfeld.

Ere‍

Ererabt.	A. Neves.
Gerresheim Collegium habet Canonicarum nobilium Virginum. .	Neukirchen.
	Pastor de fonte.
	Ratingæ cœperunt Minores conuentum.
Gruiten.	
Hamm prope Düsseldorf.	A. Schaller.
A. Haen.	A. Sombron.
Hilden.	Velbret prope Homberg.
Himmelgeist.	Volmerwerte.
Langenberg.	A. Walde.
Lintorf.	Wittlahr.
Medman.	A. Wallferath.
Monheim.	Wer prope Himmelgeist.
Mundelcheim. & iuxta Mintart.	Et Creuzberg prope Cæsaris-Insulam.

DECANUS CAESARIS-INSULANUS

Vel Archidiaconus sibi uindicat Mintart, ad Dusburgensem spectauit Decanatum.

Nouesiensis Decanatus: eidem paret.

Anrabt, in Angermondt capella.	Glene.
Biderich.	Greverode.
Bone prope Werdenam.	Grimmelinkhusen.
Butgen cum Vicaria.	Gruten.
Castforst.	Hachenbruch.
Crevelt.	Herde.
Durmagen.	Hoestede.
Ercherode prope Nerdt.	Holtem.
Esch.	Homburg.
Gelverode.	Kerberg.
	Kirschmisch cum capella.
	Lanck.

Lanck.
Langenberg.
Linne.
S. Margarethæ prope Hœst.
Novesii Collegiata S. Quirini ecclesia.
Collegium Societ. Jes.
Recollecti.
Regulares S. Augustini.
Clarissæ.
Et S. Sepulchri Virginis.
Nembgen.
Norpe.
Nivenheim.
Oesterabe.
Olver.

Orep.
Rosellem.
Tolchem.
Bischell.
Udesheim.
Ungelamme.
Wittlar.
Woringen.
Zoncium cum capella P. Recollectos alit.
   Sunt in hoc Districtu *Merensis*, ordinis præmonstratensis, & *Gnadendalensis*, instituti Cisterciensis Parthenones.

ARCHIDIACONATUS SANTENSIS

Cis & trans Rhenum *Decanatus* quinque numerat, ei multas parochias catholicas Episcopatus noui *Ruremundanus* & *Silvæducensis* subduxerunt e Geldria, Lit. O; multas Reformatio Lit. R. præfixa notatas.

Ac primus *Suchtelensis* paucas habet parœcias, sed amplissimas, quibus communicantium adiiciam numerum.

Glabbacum Abbatiam S. Benedicti habet, Communicantes 4560.
Totidem Kempena.
Dulkena 3000.

Suchtelena 2800.
Huls 1400.
Pauciores S. Antonii.
Deba.
Bosen.

Hart.

Hart.	O. Greverode.
Vorst.	O. Heensbeck.
Neida.	O. Heringen.
Ude.	O. Keith.
Amissæ.	O. Virsen.
O. Wachtendonk.	O. Wanckum.

DUSBURGENSIS
Trans-Rhenanus

Confinis Dusseldorpiensi, paucis exceptis acatholicus.

Bœtberg superior cum capella.	R. Holt.
R. Beeck.	R. Habynen.
R. Bäerl.	R. Kettwich.
Bochem.	R. Mülheim ad Ruram.
R. Berk.	Mintert.
R. Drevenich.	R. Meiderick.
R. Duisburg.	R. Moersa.
Dinslacken.	R. Noua ecclesia in Vlumen.
Eppinkhaven.	
R. Emmerich.	R. Oesoy.
	Ordinga.
	Oesterveld.
In comitatu Moersensi.	R. Repelen.
	Spellen.
R. Galen.	Sterkenradt.
R. Gotterswick.	R. Scherenbeck.
R. Hunse.	R. Vrimersheim.
R. Hisveld.	Walsum.
R. Hundsveld.	R. Rivort.
R. Halen.	R. Walack.

K   SAN-

SANTENSIS

Ipse Decanatus his gaudet parœciis.

Alpen.	Vinen.
Appeltorn.	Calcar.
Briten.	Aldencalcar. Huius templum Haffi diruerunt.
Bort.	
Menselar.	Tyll.
R. Wesalia.	Qualburg.
Dorstena.	Nyell.
R. Buderich.	Millingen inferius.
Ginterich.	Mehr inferius.
Bimmel.	Huswerden.
Bisselich.	R. Duffelwards.
Bienen.	Cleve.
R. Hamminkelen.	Nineren.
Loedichen.	Donsbruggen.
Rhenen olim, modo Haffen.	Keken.
Suilen olim, modo Træst.	Kekerdam.
Dormick.	R. Issumb.
Mehr superior.	Cranenburgum cum collegiata ecclesia & parthenone.
Millingen superior.	
Monumentum inferius vulgo Niebermoringter prope Resam.	Halderen prope Resam.

GELDRIENSIS vel STRALENSIS
Catholicus.

O. Nisen.	O. Antiqua ecclesia in Vogdey.
O. Aefferden prope Mosam.	
Asperden.	O. Bergen.

Boegen

Boegen alias Hussum.
D. Berenbrock.
Capella S. Georgii.
Gennip.
Goch.
D. Gelder.
Heiden.
Hommersem.
Hassum.
Kessel.
O. Nova ecclesia in die Vog-
dey.
D. Tersum.
D. Stralen.
D. Wolbock cum suis Capel-
lis & filiali dicta Tuista-
den.
Uden.
Winneckendonck.
D. Wetten.
D. Vark Were.
D. Well.
D. Reverdonk.
D. Capellen.
D. Kevelaer. 28.

DECANATUS NEOMAGENSIS.

Appelderen.
Afferderen.
Alden.
Altforst.
Belgoi.
Boningen.
Druiten.
Dromall.
Effick.
Groisbeck.
Hasset superius
& inferius.
Herman.
Hirnen.
Haren.
Lewin.
Loee.
Moldick alias Moeck: hæc
sola ecclesia in hoc de-
canatu manet catholica.
Sita in Clivia.
Malden.
Noviomagum.
Nifferick.
Oy.
Dyest.
Persingen.
Puffelick.
Winsem.
Waemal.
Wichen.
Batenburg est collegiata
Ecclesia cui incorporata
est Bomel & Horsen seu
Hœsten, Borgharen. 32.

In hoc Archidiaconatu olim fuere 152. parochiæ.

Veſtæ Chriſtianitas olim erat propoſita, cuius Curiones olim proprium Decanum eligebant, nunc ab annis 60. commiſſarium ipſis Archiepiſcopus Colonienſis præficit: diuiditur in ſuperiorem & inferiorem: Ciuitates duas habet *Recklinghuſum* & *Dorſtenam*: tria municipia: *Horneburg*, *Weſterbolt* & *zur Horſt*.

Superiores parochiæ ſunt.

Recklinghuſium.	Sudewich.
Waltrap.	Horneburg.
Dattelen.	Harten.
Henrichenburg.	Weſterholt.
Hoſtorp.	Merl Pelſum.
Dor.	

PASTORI RECKLINGHUSANO

Harum quædam vt filiæ & Capellæ ſubſunt.

Quibus vt ſuis Vicariis confert inueſtituram. Laicalem ſynodum cogit exceſſus corrigendo.

Inferioris hæ ſunt parochiæ.

Durſtena.	Oſtervelb.
Kirchellen.	Durſtenſis etiam curio me-
Gladbeck.	dioeres defectus laico-
Bottorp.	rum plectit in Synodo.

ESSEN-

ESSENDIENSIS

Decanatus perexiguus est.

5. tantum numerat parœcias.

In Essendiensi oppido, vbi principale collegium illustrium Canonicarum, & Patres Capucini, & P. P. Societ. Jes. degunt. Parochia S. Joannis est catholica. S. Gertrudis parœciam cocuparunt Lutherani, Catholicis Parochianis priorem S. Joannis ecclesiam frequentantibus. Stiel oppidum. Borbeck & Stoppenberg pagi catholicas habent parochias. Oleum Sacrum curat S. Joannis pastor.

ARCHIDIACONUS TREMONIENSIS

Est *Decanus Marianus Graduum*; sub eo duæ parochiæ *Bederich* & *Scheding* catholicæ restant.

Cæterarum plerasque Reformatio abstulit.

Tremoniæ sunt Minores Conuentuales.
Dominicani.
Partheno S. Catharinæ.
Tremoniæ Parœciæ S. Reinoldi.

S. Mariæ.
S. Petri.
S. Nicolai.
S. Martini.

Extra vrbem.

Mechelem. | Camen.

Bönen.
Heimgen.
Zur Mark prope Ham.
Reineren.
Flercke.
Girderike.
Hemmerden.
Unna.
Herbecke.
Apelderbecke.
Lutgen.
Dortmundt.
Mengede.
Castrop.
Bellinghausen.
Baue.
Gladebecke.
Osterfelde.

Kirch:lla.
Colsheim.
Marlere.
Waldor.
Cratelinck.
Brackel.
Wickede.
Luneren.
Hildecke.
Bergen.
Schedingen.
Frondeberg.
Wifflinhoffen.
Kirchorde.
Vorde.
Hernen.
Quædam earum ad Vestam spectant.

ARCHIDIACONATUS SUSATENSIS.

Parochias censet 35.

Alten Gesecke.
Allagen.
Affenruden.
Anrachte.
Belke.
Benninghausen: in abbatiali ecclesia diuina fiunt, scholam habet.
Bergi.
Bremen Sacellis decoratur in Bielme & in nemore auf dem Fürstenberge.

Vtrobique Commenda fundata est; iacet in hoc parochia partheno cisterciens.

Porta Cœli.
Buckenfurt.
Corbecke tres ludimagistros & totidem capellas censet. 1mam pater parthenonis paradisi duas Curio procurat.

Ge-

Geseke nobili collegio XX. Canonicorum residentium gaudet, & duabus parochiis.
S. Petri &
S. Cyriaci: hospitali cum Sacello intra & extra mœnia, Nosocomio leprosorum.
Obseruantes ibi degunt.
Harn 8. pagos & Sacella sub se habet.
Hellinghausen.
Duo Sacella in Vberhagen.
Et heringhausen.
Hirzberg.
Hoinghausen.
Holtrop.
Kallenhart.

Langenstrate.
Merick.
Misen.
Morringhausen.
Mulheimb.
Orsoinghausen.
Ostinghausen.
Oberkirch &
Niederkirch.
Ruden, ibi domus sororum:
Stormede sororum etiam S. Augustini Nazareth dictum alit.
Susatum collegio archidiaconali Canonicorum.
Minoribus etiam & Dominicanis celebratur.

ATTENDORIENSIS DECANATUS

Parochiis præest 19.

Attendoria cum Obseruantibus, hospitali ante portam, & cœnobio Ewig Regularium S. Augustini, Sacella in pagis.
Hergen.
Enneft &
Huschot; Sacella pariter & Commendam in Waldenberg habet.

Affelen tria Sacella numerat.
In Freisendorf.
Bliendorf &
Alten Affelen.
Ullendorf.
Balve Sacellis 8. ornatur.
In oppido S. Michaelis.
In Garbecke trium Regum.
In Clusa S. Agatii.
In

In Eisberen.
In Rechum.
Mellem.
Langenholthusen.
Grubeke.
Drolshagen parthenonem Cisterciensem & Sacellum in Iserkusen possidet.
Dunscheidt.
Enghausen Sacella 4. in pagis.
Haggen.
Kirchlinden.
Hovel.
Langeschede eenset.
Hagen.
Helden præter Dunscheid baptismalem filiam 5. Sacellis.
In Niederhellen.
Oberenbeiscede.
Mercklinghausen.
Bremeke &
Rifflinghusen gaudet.

Husten habet Sacella in municipio.
In Herdinghausen.
Muschede.
Et Rotentelgen.
Menden.
Neheimb Vicaria S. Vrsulæ & alia S. crucis decoratur.
Olpena Sacellis in Cluse.
Beringhausen.
Newen Clausen honestatur.
Radestockum Sacella 4. in Entrop.
Ambke.
Recklingen.
Et Darenholthusen subsunt.
Sonderen.
Summeren.
Voswinkel.
Wendel Sacellis in Sterlingen
Et Otsingen præest.

Ad hunc Decanatum spectat Olinghusen Præmonstratensium partheno, Porta cœli & Frondenberg olim ·S. Bernardi nunc partim Catholicarum partim Acatholicarum in Marchia collegium.

Ex eadem Marchia hæ parochiæ secessionem ad hæreticos fecere Iserloe, Plettenberg, Herschede, Oell, Wordoll, Dellinghoven, Hederen, Hennen, Bosinghagen, Delwig; At Valbert, & Meinerzhagen, licet Colonienses & Marcanos subditos habeant, omnes tamen Lutheranis adhærent tabulis.

ME-

MESCHEDENSIS CHRISTIANITAS.

Parochias 26. complectitur.

Alten Buren.
Attinghausen.
Brausuppel.
Bawenkirchen.
Et Hoppcken eodem vtuntur parocho.
Brilonia Minores & hospitale S. Spiritus habet.
Bigge Sacella in & extra Anfeld possidet. Retinet in Wimeringhausen & Helmeringhausen.
Calle ecclesiam S. Severini habet, Sacella quoque in Walle, Obenberge, Stockhausen & Olpe.
Euerstberg ciuitas arce munitur.
Bedelick oppidum ex Præpositura Graffschaffensi natum est.
Elffe filiali in Verde: quæ gaudet baptisterio, sepultura & Sacellano.
Subsunt eidem Sacella in Bonzel, Melbecke, Spork, Altenwalbert, in superiore Walbert, in Marpe, in superiore Elffe, in Beribecke, in Halberbracht, in Meggen, in Mombecke, in Tete.

Eslebe.
Frienohl.
Ferncarbach.
Grevenstein.
Hellefeld ornatur 6. Sacellis in Visbecke, Alten Hellefeld, Meickenbracht, Lennepe, Wornighausen & Westenfeld.
Hundene 7. Sacella possidet in Oberen & Nideren Albaun, in Weringhausen, Kirchenbeck, Alten Hundeme, Hosolp & Flape.
Heinsberg filialis & Hundeme: huius aliam filialem Kolhegen Sacellanus procurat, eritque separata parochia constans ex pagis Silberg, Vorst, Brackhausen, Wedermollen & Emblinghausen: Iacet in monte, locus dicatus est B. Virgini, frequentatur certis eiusdem B. V. festis etiam ab acatholicis donis. Singuli pagi sacellis gaudent.
Kobbenradt fuit filialis ab Elspe: pastorem habet.
Meschede collegio Canonicorum

corum & duplici parochia cumulatur 1ma municipii 2da forensi.
Oeding sacellis auctum est in Lethmate & Bremschede, iacet in monte, coenobium fuit Virginum.
Rarback praeest sacellis in Velschenent & Crupperech.
Reiste in Bredenbeck, Bosinghausen, Lohoff, Bombeck, Eifflinghausen, Rigkrughausen,

Herhagen & Langenbeck Sacellis gaudet.
Schonholthausen Sacella decem.
Schlipruden Sacella 4 possidet.
Scharffruden.
Velmede 6 subiectas capellas habet, Veschede vnam in Bilsteiniensi arce.
Alteram in Benolphe.
Wenholthausen prope Meschede Monasterium est Gallilaea dictum.

MEDEBACENSIS DECANATUS

Jacet in Medebacensi Praefectura.

Sunt in ea ciuitates.

Medebachium.
Hallenberge &
Winterberga : totidem *Freigrauiatus* Zuschen, Gronebach & Dudinghausen ac monasterium Glindfeldense complectitur, situm in Questelberg A. 1290. eo translatum, partheno fuerat S. Augustini, nunc crucigeris cessit cum pastoratu.

Zuschenavia habet in Hesperen ecclesiam S. Goaris.
In Liesten Sacellum S. Thomae.
Gronebacum in Silbach & Niederspelt Sacellis ornatur.
Dudinghausen Freigrauiatus duas habet parochias Diesfeld & Eppe.

In Oberschleideren sacellum est S. Antonii.
Parochia Diesfeld præter suum duos habet subiectos pagos.
Titmeringhusen.
Et Referinghusen.
Parochia Eppe tres etiam numerat pagos, in Eppe templum est SS. Petri & Pauli, in Niederen-Schleideren S. Vrsulæ & Hillershausen.

Comites Waldeeenses tres has parochias cum prouentibus a Coloniensi Diœcesi abstraxerant.
Catholici in sacello Referinghausen catholico gaudent exercitio.
Ita Medebacensis Decanatus 9. parochias & Glindfeldense retinet cœnobium.

WORBACENSIS DECANATUS

Parochias 12. sibi uindicat.

Bobefeld.
Bughausen.
Dotlar.
Grafschaft.
Helpe.
Lenne.
Oberenkirchen.
Oberensunderen.
Rurbach.

Wormbach.
Schmalenberg.
Fredeburg.
In eo iacet Abbatia celebris Grafschaffensis: Abbas ipse Archidiaconum huius se Decanatus nominat.

Deni-

Denique
NULLIUS CERTI
Decanatus

Hæc parochiæ XI. putantur esse.

Alme.
Getinghausen.
Hettinghausen.
Marsberg.
Mattfeld.
Padberg.

Ehvele.
Volkmarsen.
       Item.
Domus Sororum.
Breitlar Monasterium.
Et Weidinghausen.

B.

Verzeichniß der Städte, Flecken, Dörfer, Rittersizze, Höfe ꝛc. worüber dem erzbischöfflichen Official zu Köln die Gerichtsbarkeit zustehet. *

Profectio prima.

1. Erbvogtei.

Bickendorf.
Mechteren.
Melaten.
Jubelrath.
Marrhof.
Moersdorfer-Hof.
Ling.
Deckstein.
Kriel.
Volkhoven.
Lang.

Heimersdorf.
Ossendorf.
Mauenheim.
Nippes.
Merrheim.
Niehl.
Worringen.
Roggendorf.
Bergerhof.
Further-Hof.
Arft.

Hackes.

---

* Der erzbischöffliche Official zu Köln hat bekanntlich eine Universal-Jurisdiktion durch das ganze Erzstift, und konkurrirt mit allen Beamten, Unterherren und Gerichtern, einige wenige, durch besondere Privilegien eximirte, ausgenommen. Jenes Verzeichniß theilet das ganze Erzstift in vier Distrikte, deren jeder einem Gerichtsboten zu seiner Bereisung (Reisa, wie sie es nennen) angewiesen ist.

Hackes.
Erver- und Brüngisrather-Hof.
Thenhoven.
Vivippenberg.
Zoons.
Heckhof.

Horrem.
Sturzelberg.
Uedesheim.
Grimlinghausen.
Gnadenthal.
Neuß.
Neusserfurth.

2. *Satrapia Linnensis.*

Maubis.
Karst.
Lawenburg.
Linn.
Bosinghoven.
Büderich seu Burich.
Elberinger Honnschaft.
Elverich Honnschaft.
Stratum.
Cloister Meer.
Oesterrath.
Streithoven Honnschaft.
Fuhlesheim.
Heerde s. Herbt.
Glindholdt.
Gelb.
Kraphauser Honnschaft.
Grosse Honnschaft.
Harder Honnschaft.

Heulesheim.
Lathum.
Kirst.
Langensees.
Nierst.
Ossum.
Oppen.
Schmalbrocher Honnschaft.
Vischel.
Sennikel Honnschaft.
Schiefbahn *cum appertinentiis.*
Anrath.
Neerstraß *cum appertinentiis.*
Neersen.
Oedt s. Uba.
Hagen Honnschaft.
Unterbroich.

3. *Satrapia Kempensis.*

Kempen.
Zoppenbroich groß und kleine Honnschaft.
Imbroicher Honnschaft.
Ohrbrocher Honnschaft.

Bernarber Honnschaft.
Strumpf Honnschaft.
Vorst.
St. Tonnis.
St. Hubertus.

Broich.

Broich.
Hüls *cum appertinentiis.*
Groß und klein Eollenburg.

Wilich *cum appertinentiis.*
Op dem Broel.

4. *Satrapia Liedtbergensis.*

Liedtberg.
Holzheim.
Horst.
Kleinenbroich.
Schlickum.
Kehn.
Kessen.
Urdingen.
Rath Honnschaft.
Verberg.
Bochum Honnschaft.
Hohen Bodt.
S. Biedtberg Honnschaft.
Haus Dreven.

Alpen.
Rheinberg.
Op der Heydt.
Issum s. Isthen.
Keppeler.
Kamp.
Winterschwick.
Menselen.
Vier Quartier.
Rheinberg.
Kaiserswerth.
Lanck.
Diesseit gegen Kaiserswerth.

Profectio secunda.

1. *Satrapia Hulchrads.*

Bockelmund.
Esch.
Pesch.
Mengenich.
Auweiler.
Putzweiler.
Nussenberg.
Longerich auf der Klinken.
Kreichshof.
Hackenbroich.

Delfen.
Knechtsteben.
Straberg.
Weiler.
Merkenich.
Groß und klein Lachhof.
Sinnersdorf.
Langel.
Fuhlingen.
Casselberg.

Rhein-

Rhein-Caſſel an der Weiben.
Nievenheim.
Roſellen.
Norf.
Oſen.
Erprath.
Aller-Heiligen.
Elſen.
Capellen prope Elſen.
Hulchradt.
Neukirchen.
Lublsrather Hof.
Danner.
Greffrath.
Büttgen.
Muchhauſen.
Silverath.
Gleen.
Lüttingleen.
Hoeningen.
Ockoven.
Kikoven.
in der Dellen.
Hermeshof.
Hlligsrath.
Rommerskirchen.
Nettesheim.
Butzem ſeu Boitzheim.
Anrtel.
Frirheim.
Eppinghoven.
Langwaden.
Zwelinghoven.
Paffenmütz.
Burglohr.
Eſchweiler.

Gill.
Eckum.
Frerberg Honnſchaft.
Epſendorf.
Ginſteden.
Fürth.
Orr.
Selhoven.
Vankum.
Gierdborchem.
Gieſenkirchen.
Odekirchen Herrſchaft.
Saſſenrath.
Bell Honnſchaft.
Gudenrath.
Geiſſenbeck Honnſchaft.
Müllforſt Honnſchaft.
Rohrfeld.
Wesgevel.
Guſtorf ſ. Geiſtorf.
Elfgen.
Frimersdorf.
Bockendorf.
Helfenſtein.
Nobilis domus Roiſt von Weerſe modo Lohehauſen.
    Gräflich Land Dick.
Bebber *cum appertinentiis.*
Kirdorf.
Auenheim.
Huckelhoven.
Groſſer Munchhof.
Sommershof.
Caulen.
Frauweiler.
Buchholz.

Bues-

Buestorf.
Fliesteden.
Dominium in Frenz.
Kottradt s. Quadtradt.
Kenten.
Halb Ichendorf.
Brauweiler.
Friemersdorfer Höfe.
Synteren.
Mansteden.
Widdersdorf.
Raderhof.
Donsweiler.

Königsdorf.
Klein Königsdorf.
Zur Weyden.
Oestorf.
Loevenich.
Junkersdorf.
Mungersdorf.
Frechen.
Balkhausen.
Oberbachem.
Türnich.
Machgeschehen.

Profectio tertia.

1. Satrapia Brulensis.

Bruel.
Judenbuchel.
Weishaus.
Kohmar.
Klettenberg.
Kallscheuer.
Bochem.
Benden.
Pingsdorf.
Keldenich.
Weiderhof.
Eindorfer-Hof.
Roderhof.
In der Fillen.
Om Fendel.
Ullekoven.
Kendenich.
Op der Heiden.

Burbach.
Hermulheim.
Huirdt.
Glewel.
Aldenrath.
Schellmaur.
Sisekoven.
Sielsdorf.
Orsfeld.
Harbell.
Haus Hemmerich mit der Erb-Cammerey.
Bachem ex parte.
Toberg.
Westhoven.
Meschenich.
Conzerhof.
Neuenhof.

L   Hu-

Huning.	Dopschleidt.
Rondorf.	Cadorf.
Immendorf.	Waldorf.
Geißdorferhoven.	Dersdorf.
Merz.	Bezdorf.
Rodderhof.	Bornheim.
Meschenich bei Hönnigen.	Brenich.
Weiß.	Hemmerich.
Sürdt.	Metternich.
Godorf.	Kriegshoven.
Sechten.	Heimerzheim.
Berzdorf.	Dinzikoven.
Palmersdorf.	Düzekoven.
Bedorf s. Badorf.	Neukirchen.
Schwadorf.	*Cloister* Capellen.
Kirberg.	Muckenhausen.
Walberberg.	Schwarzheim.
Rheindorf.	Straaßfeld.
Kitzburg.	Schneppen.
Trippelsdorf.	Weidesheim.
Maarsdorf.	Weilerschwist.
St. Merten.	Schwisterberg.
Fußgaß.	Kühlseck.
Roesberg.	

2. Amt Deutz.

Kalk.	Poll.
Pfingst.	Gremberg.

3. *Satrapia Lechniacensis.*

Lechenich.	Bruggen.
Dirmerzheim.	Roggendorf.
Conradsheim.	Kirdorf.
Gymnich.	Ziselmahr.
Pfingsheim.	Am Schildgen.

Knap-

Knapsack.
Aestäden.
Herrenrath.
Pesch.
Blessum s. Bleesheim.
Köttingen.
Frauenthal.
Ahrem s. Ohrem.
Erp.
Härrich.
Meller.
Liblar.
Buschfeld.
Bliesheim.

Blozheim.
Niederbohlheim.
Kerpen.
Bergerhausen.
Müddersheim.
Borr.
Friesheim.
Frauenberg.
Wichterich.
Domus Bulich.
Mulheim.
Busch.
Elvenich.
Niederlövenich.

4. *Satrapia Tulpetensis.*

Zulpich.
Füssenich.
Hessenich.
Weiler.

Bodum.
Geich.
Ozlern.

5. *Satrapia Hardensis.*

Esch.
Bullesheim.
Cochenheim.
Stozheim.
Kirspenich.
Arloff.
Reider.
Weingarten.
Antweiler.
Holzheim.
Harzheim.
Weiher.
Kakmuth.

Eiserfey.
Uhrfey.
Vollem.
Drey-Mühlen.
Urft.
Zingsheim.
Abtei Steinfeld.
Marmagen.
Wahl.
Glehn am Bleiberg.
Satzfey.
Mudscheidt *cum annexis retro* Munstereifel.

Pro-

Profectio quarta.

1. Satrapia Bonnensis.

Bonn.
Oberwesseling.
Ursel.
Meichelshof.
Widelich.
Udorf.
Herschell.
Grau-Rheindorf.
Dietkirchen.
Buschdorf.
Draensdorf.
Lessenich.
Mestorf.
Dedekoven.
Medekoven.
Kudighoven.
Gielsdorf.
Alster.
Roisdorf.
Rammelshoven.
Nettekoven.
Duestorf.
Långsdorf.
Endenich.
Poppelsdorf.
Creuzberg.
Ipendorf.
Op dem Rötgen.
Kessenich.
Sternenburg.
Dottendorf.
Friesdorf.

Schwarzrheindorf.
Vilich.
Muldorf.
Beuel.
Siegburg.
Impekoven.
Niederich.
Ockersdorf.
Uckesdorf.
Rheindorf unter der Brücken.
Cambohr.
Eiborn *alias* Cabahn.
Mullendorf.
Geislahr.
Rötgen.
Witterschlick.
Miel.
Morrenhoven.
Buschhoven.
Meutinghoven.
Flerzheim.
Lüftelberg.
Rheimbach.
Ringsheim.
Meckenheim.
Merl.
Adendorf.
Gudenau.
Frizdorf.
Erstorf.
Eckendorf.

Gels-

Gelsdorf.
Benhoven.
Dernau.
Holzweiler.
Leimersdorf.
Wadenheim.
Buil.
Ippendorf.
Ringhen.
Fischel *cum annexis.*
Drieß.
Ollem s. Olme.
Ramershoven.

Ludendorf s. Lündorf.
Udendorf s. Undorf.
Flamersheim.
Castenholz.
Drachenfels Ländlein.
     nimirum:
{ Bißheim.
  Berkum s. Berchum.
  Ober = u. Unterbachem.
  Kurighoven.
  Liessem.
  Zullighoven.
  Gimmersdorf.

2. Satrapia Godesbergen.

Godesberg.
Muffendorf.
Rungsdorf.
Landesdorf.
Plittersdorf.
Marienforst.
Mehlem.
Birgel.
Rolandswerth.
Vilip.
Nonnenwerth.
Klein Winteren.
Königswinter.
Ittenbach.
Dottendorf.
Drachenfeld.
Unkel.
Scheuren.
Ober = und Nieder = Breit-
  bach.
Heister.

Erpel *cum annexis* Broich-
  hausen.
Breisich.
Königsfeld *retro* Sinzig.
Ahrweiler.
Walporzheim.
Kesseling.
Hemmesser.
Bachem über die Ahr.
Cloister Marienthal.
Vettelhoven.
Kirchdung.
Kreuzberg.
Brück.
Aldenahr.
Höningen.
Kirchlahr.
Pützfeld.
Bettenau.
Leers.
Lindt.

Misen=

Misenheim. | Sahr.
Wensburg. | Adenau.
Neustadt.

3. Satrapia Linzensis.

Caspach. | Ockenfels.
Hausen. | Ollenberg.
Lubsdorf. | Asbach.
auf der Hohe. | Windhaen.

4. Satrapia Aldewied.

Bullingen. | Griesebach Honnschaft.
Elsaff. | Schonenburg Honnschaft.
Limbach. | Radescheid Honnschaft.

5. Satrapia Andernacensis.

Neustadt. | Namedii.
Walldorf. | Saffig.
Kell. | Olbrück.
Niederweiler.

6. Satrapia Nuerburg.

Nieder-Breitbach Honn- | Lahr.
schaft. | Kurtscheid.
Ober-Breitbach Honn- | Saffig.
schaft. | Wissen.
Bremscheider Honnschaft. | Selbach.
Breitscheider Honnschaft. | Rosbach Honnschaft.
Dattenberg. | Schönstein Herrlichkeit.
Erpel.

7. Satrapia Nurburg.

Sursch *cum annexis*. | *Item* Kaldenborn.
Walldorf bey Olbrück. | Hodorf.

Ver-

C.

Verzeichniß der vornehmsten Kirspeln, Dorf- und Ortschaften des Erzstiftes Köln.

(aus alten Urkunden zusammengetragen.)

I. Land-Amt) Kempen (1482)

Honnschaften:
- a. Schmalbroick.
- b. Brockhausen.
- c. Arbroick-Dirbroick.
- d. Benekradt.
- e. Kleine.
- f. Grote.
  - { Dorf S. Tonies.
  - Um Anrodt gesessen.
  - Klein Kempen. } 1559.
- g. Stadt Kempen.

II. Amt van Tzulph (Jülpich) (1482)
- a. Eylvich.
- b. Bayssenich.
- c. Gench.
- d. Bessenich.
- e. Wylre auf der Even Stadt

III. Reymbach (1482)
- a. Buschhoven.
- b. Luftelberge.
- c. Mutenhoven.

- d. Nederdreyß.
- e. Myle.
- f. Morenhoven.
- g. Flerzhem.
- h. Meckenhem.

IV. Amt Gedt (1559)
Upfeld.
Fest Oede.
Up dem Hagen.
Unterbroick.

V. Amt Liedberg (1559)
Gestrup.
Fremersdorf.
Dinckstul Kleine-Broick.
——————— Keyn.
——————— im Unterbroick.
——————— Gissenkirchen.
——————— Lydburg.
Slick.
Dinkstul Holtem.
Neerst.
Karsten Dinkstul.

VI. Amt Lynn (1559)
Herd.

Buderich.
Elverich.
Langst.
Strump.
Lank.
Laten.
Ossem.
Bosighausen.
Stratem.
Osteratt.
Oppem.
Boichem.
Glintholt.
Hart.
Strithaven.
Nederkassel.
Grophusen.
Wilich.
Vissel.

VII. Amt Halkerodt (1559)

Nupkirchen.
Nupkirchen Dorf.
Weckaner Dorf.
Dorpspeck.
Dorf Weldt.
Nivenhem Kirspel.
Lüttelgleen.
Kapellen Dorf und Kirspel.
Reistorp.
Laech.
Belmer.
Elffen.
Fuerdt.
Dorf Straebergh.
Dorf Oelraidt.

Rosell Kirspel.
Norper Kirspel.
Norf.
Wideshoven.
Juenkaven.
Rameraidt.
Esch.
Dorf Besth.
Auweiler.
Kirspel Büchelmonds.
Dorf Merkenich.
Londrich Kirspel.
Rommerskirchk.
Dorf Gill.
Dorf Vankum.
Dorf Sinsteden.
Dorf Eckum.
Kirspel Nettesheim.
Dorf Angßel.
Dorf Fritzem.
Dorf Boetzem.
Dorf Neteshem.
Das Kirspel zu Deckhaven.

VIII. Amt Urdingen (1559)

Barbercher Honnschaft.
Vencheler Honnschaft.
Kaldenhusen.
Bodberch.

IX. Amt Erpradt (1559.)

Weckaven.

Gräflich Land.

Kirspel und Dorf Butgen.
Kirspel Gleen.

X.

X. Amt Berk (1559)
Issem im Dorf.
Lintloe.
Menzeler Kirspel.
Horsterferdel.
Hankamerferdel.
Kampsche Laten und Wickradt.

XI. Amt Lechenich (1559)
Erpp.
Ulstetterm.
Knapsack.
Berren Vaedt.
Kenten.
Borrhe.
Libler.
Kottingen.
Blazheim.
Bolem.
Bergerhausen.
Gimenich.
Bruggen und Turnich.
Roggendorf.
Rinxheim.
Dirmezheim.

XII. Amt Aldenar (1559)
Aldenar.
Reimmershoven.
Alverburg.

Kreuzberg.
Brück.
Denn.
Pützfeld.
Kesseling.
Straßfeld.
Wiedebach.
Hoenningen.
Lierß.

XIII. Amt Narburg (1559)
Adenawe.
Hunnert.
Quiddelbach.
Herbroich.
Breisheit.
Adorf.
Syllgenbach.
Leimbach.
Winbach.
Die 4 Hundtschaften Nieder-Adenawe, Dhumpelfeld, Esell, Scholt, Horscheit, Siescheit, Winneradt, Schultissenampt Reifferscheit, Musch Kitenisch, Wirf, Mullenwirf, Hoeffeld, Kottenbor, Pumpf, Rodberen, Barweiler.

D.

Verzeichniß der exemten adelichen Sizen und Häusern im Erzstifte Köln.

Per Satrapiam Andernacensem.

Possessores.	Sedes.
Walpot de Bassenheim	in Olbruggen.
Von der Leyen	Saffig.
Holdinghausen & Loen	Schweppenburg.
Husman	Namedy.

Domus II. reseruatæ Andernaci.

Per Nurburgum.

Burscheidt de Burgbroel	Wensburg & Kaldenborn.
Doctor Fabri	Hohenradt.
Bewer	zur Mühlen.
Beissel de Gymnich	per Burglehn Nurburgi.

Per Alten-Ahram.

Puzfeld	Puzfeld & Calmuth.
Quadt	Creuzberg.
Gruithausen	Pruck.
Steincalefelz	Staffel.
Blankart de Ahrweiler	Sahr & Burglehn ibidem.

Per Ahrweileram.

Blankart & Weiß	in Ahrweiler.
Steincalefelz	per Turrim ibidem.

per

per Vettelhovium.

Possessores.   *Sedes.*

Harf de Drimborn, En-
 schringen & Sinzig de
 Sommersberg.   Vettelhoven.

per Linzium.

Frenz de Gustorf & Matth.
 Metternich — — Dabenberg.
Selbach — — Lubstorf.
Gerolt — — — zur Leyen.

per Alten-Wiedam.

Nesselrath zum Stein — Ehrenstein.
Nesselrath de Ehreshoven Stockhausen.
Hazfeld — — Schonenstein.

per Unkelium.

Breidtbach — — Breidtbach.

per Godesbergam & Drachenfelzam.

Princeps de Croy & Burg-
 grav. de Godenaw — Drachenfelz.
Walpot de Gudenau — Odenhausen.
Randerath — — Nesselburg.
Stein cond. Tricht. — Muffendorf.
Hillesheimb — — Berkum.
Fabritius Canon. — Godesberg.
Hillesberg & Stams — Blitterstorf.

Per

Per Satrapiam Hardensem.

Possessores.	Sedes.
Putzfeld	Urlouff.
Gymnich	Bischell & Calmuth.
Walpot de Gobenaw & Roist.	Cochenheim.
Weix vterque	Weyer.
Werll	Kirspenich.
P. P. Soc. Monasterii · Eifliæ	Stroich.
Von der Vorst	Ringsheim.
Uhr & Eynatten	Antweiler.
Spies	Sasven.

Per Satrapiam Bonnensem.

Walpot de Bassenheim	in Bornheim.
Von der Vorst de Lombeck	Lustelberg.
Schall de Bell	Flerzheim & Morenhoven.
Metternich de Mullenark	Ramelshoven.
Weix	Roesberg & Endenich.
Scheiffart de Alner	Deustorf.
Crummel	Dottendorf.
Wachtendonk & Hochkirchen	Friestorf.
Frens de Mattefeld & Soninghausen	Meutinghoven.
Geberzhaen	Hemmerich.
Horst	Heimerzheim.
Buschmann	Kriegshoven & Balle.
Lyskirchen	Transdorf.
Heufft	Sternenburg.
Hulsmann	Buschdorf.
Wolf	Roistorf.
Imstenraedt	Derstorf.
Eynatten	Seisendorf.

Blan-

Possessores.	Sedes.
Blankart de Goehoven —	Vlich.
Gymnich — —	Schwarz-Rheindorf.

Per Satrapiam Tolpiacensem.

Clauth — —	Dehmershof.
Brassart — —	Weiler uf der Ebne.

Per Freishemium.

Frens de Stolberg, Judde & Weinmar —	Freisheim.

Per Erpenam.

Abb. Sygburg. & Frens de Kentenich — —	Erpp.
Belven — —	Reisholz.

Per Meyl.

Quadt de Wickrath, Emboven & Moniales zum Essig — —	Meyl.
Schellart — —	Ruggenhausen.
Hanxler — —	Muddersheim.

Per Satrapiam Brulensem.

Princeps & Episc. Argentinensis —	in Kitschburg.
Frens & Orsbeck —	Kendenich.
Gymnich & Rollingen —	Eleburg.
Schall de Bell —	Schwadorf.
Belven — —	Weiß.

Quadt

Possessores.	Sedes.
Quadt —	Rheindorf.
Ordo Melitensis —	Weilerswist.
Zweifel —	Palmestorf.
Hersel & Hertmanni —	Vochum.
Siegen & Meyerhoven —	Sechten.
Bolandt —	Kuilseggen.
Metternich & Belbrug —	Metternich.
Gayll —	Rondorf.
Anstell de Holtorf —	Keldenich.

Per Satrapiam Lechenienſem.

Metternich de Wolf —	Gracht.
Gymnich —	Gymnich.
Quadt —	Buschfeld.
Lohe de Wissen —	Conradtsheim.
Hall ab Efferen —	Busch.
Gymnich de Vlatten —	Dirmeyheim.
Frens de Stollberg —	Frens.
Bongart —	Bergerhausen dupl.
Scheiffart de Merode —	ibidem.
Commendator in Altenbienſen —	Blazheim.
Bourscheidt de Burgbroel	Ober-Bullesheim.
Bourscheid in Hoengen —	Klein Bullesheim.
Schall de Bell & Boulich	Mulheim.
Mulstrohe —	Boulich.
Zweifel —	Bruggen.
Capit. ad Gradus Coloniæ	Meckenheim.

Per Brauweileram.

Ordo Teutonicus —	in Her-Mulheim.
Braſſart —	Weidestorf.

Per Glewelium.

Possessores.	Sedes.
Von Collen — —	Glewel.
Hoensbroch — —	Altenrath.
Pfeil de Scharffenstein —	Bell & Hornbell.

Per Bedburgum.

Ketzgyn — —	Gerardshoven.
Ittersheim & Lunink —	Fliestatten.

Per Satrapiam Hulchradiensem.

Frens de Kendenich —	Neuerburg.
Harf de Landskron —	Velbrug.
Bourscheidt de Klein-Bullesheim	Hoengen.
Reuschenberg — —	Selikum.
Kessel de Hackhausen —	Muchhausen.
Kessel de Geyen & Hoevelich — —	Molstorf.
Laudolf — —	Leusch.
Anstell — —	Anstell.
Strevesdorf Receptor —	Dielrath.
Proff — —	Haesten.

Per Hulchradiensem Comitivam.

Noist — —	Glehn.
Steprath — —	Butgen.
Brackel — —	Elvicum.
Abb. S. Corn. ad Indam	Gilverath.
Abbatissa Novesiensis —	Holtbutgen.
Lockengien — —	Laech.
Hundt — —	zum Busch.

Per Zontinam & Woringam.

Possessores.	Sedes.
Neuschenberg de Setterich	Heckhof.
Blittersdorf — —	Arst.

Per Satrapiam Liedbergensem.

Hoevelich — —	Lawenburg.
Lohausen — —	Lovenburg.
Frens de Schlenderhaen & Steprath — —	Kleinenbroich.
Deuz & Bock — —	zur Koulen.
Metternich de Gracht —	Roede.
Hochkirchen — —	Furde.
Schlickum — —	Schlickum.
Heister — —	Steinhausen.
Dort — —	zur Horst.
Quadt de Wickrath —	Zoppenbroich.
Frens, Lusdorf & Mirbach	Gustorf.
Reven — —	Ingenfeld.
Holz — —	Brackel.
Virmund — —	Nersen.

Per Odenkircham.

Frens de Schlenderhaen	Odenkirchen.
Altenbruck — —	Mulford.
Huerdt — —	Sahr.
Herresdorf — —	Guderath.

Per Satrapiam Kempensem.

Roist — —	Gastendonk & Masthof.
Efferen cond. Hall. —	Moershoven.
Nivenheim — —	Rabt.

Bever-

Possessores.	Sedes.
Beverforde — —	Broichhausen.
Von der Pforzen —	Niersdonk.
Hochsteden — —	Felde.
Broichhausen — —	zum Bollwerk.
Weyenhorst — —	zur Donk.
Spee — —	zum Forst.
Hemmerich — —	Routenburg.
Morian — —	Bisterfeld.
Harst, Loen, Wylich —	Huls.

Per Oedam.

Duicker — —	zum Altenhof.
Srienen — —	Cloerath.
Morian — —	Duickershof.

Per Satrapiam Linnensem.

Norprath — —	Dickhof.
Lynzenich — —	Schakum.
Backum — —	Hamme.
Goldstein — —	Gripewald.
Bawr — —	Lathum.
Worde — —	per Issumerthurn.
Hell & Clauth — —	Solbruggen.
Reck — —	zum Neuenhof.
Merode — —	zum Pesch.
Wachtendonk — —	Hulsdonk.
Quadt — —	Gros-Kolenburg.
Holthausen — —	Klein-Kolenburg.
Hell — —	Vorwinkel.

Per Satrapiam Vrdingensem.

Preuth — —	Caldenhausen.

M   Bern-

Possessores.	Sedes.
Bernsaw	Dreven.
Loen	Raedt.
Winkelhausen	Brembthof.
Schirp	ter Arhof.

Per Satrapiam Rhenoberkensem.

Possessores.	Sedes.
Pallandt	Eyll.
Dort	Issum.
Raesfeld	Heideck.
Wachtendonk	Langendonk.
ter Rhede	Langenhorst.
Newhof	Gelinde.
Drost	zur Stege.
Bockhorst	Diepram.
Afferde	in Wagenburg.
Weverde	Offenberg.

Per Niederboedtbergam.

Possessores.	Sedes.
Lawick	Wolfskouhl.
Ingenhof	Castell.

E.

Eintheilung der gräflich- und adelichen Sizze des Erzstiftes Köln in ganz- halb und gar nicht steuer- freie.

(vom J. 1669)

I.

Liste eines hochw. Domkapitels, auch gräf- und adelicher Sizzen, so nach der A. 1669. gemachten Regel Art. 20. entweder gegen einen andern ad- lichen Siz, oder rechtmäßig abäquirtes Aequiva- lent in perpetuum völlig zu befreien.

Eines hochw. Domkapitels.

			Morgen.
Friesheim hat	Artland	— —	177¼
	Benden	— —	16
Glewel	Artland	— —	240
Niehl	Artland	— —	381½
	Benden	— —	7
Schallmohren	Artland	— —	114
Seelsdorf	Artland	— —	76½
Woringen ist keine Morgenzahl specificirt			
In antiquo		— —	250

Gräfliche Sizze.

Thurm vor der Stadt Ar- weiler Fürst von Arschott		
	Artland — —	—
		Wein-

		Morgen.
Weingarten	— —	6
Wiesen	— —	1½
Eine Mühl thut 6 Malter Roggen		
Bedbur pro Hrn. Grafen zu Salm hat Artland	— —	583
Benden	— —	58
Erp pro Hrn. Grafen zu Manderscheid, Blankenheim hat Artland	— —	323
Hackenbroich pro Hrn. Grafen von Salm zur Dick hat Artland	— —	530
Selfenstein . . Artland	— —	400
Benden	— —	46

II.

Liste deren adelichen Sizzen, so in perpetuum zu eximiren, mit Designation der Morgenzahl und Appertinentien, wie sie von Alters dazu gehörig gewesen.

Im rheinischen Oberstifte.

		Morgen.
Burglehn zu Aldenar per Juniorem Blankart hat Artland	— —	117
Benden	— —	26
Weingarten	— —	9½
Thurm in Arweiler per Blankart in Arweiler.		
Bergerhausen per Scheiffart zu Almer hat Artland	— —	234

Ben-

		Morgen.
Benden	—	$2\frac{1}{4}$

Bergerhausen per Bongart Hr. zur Heiden hat

Artland	—	244
Benden	—	5

Bornheim per Wallbot zu Baſſenheim hat

Artland	—	262
Benden	—	20
Weingarten	—	8
zwei Mühlen		

Breitbach per Breitbach hat

Artland	—	$27\frac{1}{2}$
Benden	—	6
Weingarten	—	7

Groß-Bullesheim per Burſcheidt

Artland	—	165
Benden	—	22

Klein-Bullesheim per Burſcheid

Artland	—	170
Benden	—	22

Buſchfeld per Quadt

Artland	—	240
Benden	—	31

Eleburg p. juniorem Gymnich

Artland	—	150
Benden	—	$3\frac{1}{2}$

Euchenheim per Joh. Dam Walbott Hr. zu Godenaw hat

Artland	—	89
Item in acquiſitis	—	$8\frac{1}{2}$
Benden	—	10

Conradsheim per Lohe zu Wiſſen

Artland	—	270
Benden	—	60

Noch eine Mühle, 19 Morgen

			Morgen.
gen Landes und 2 Morgen Benden.			
Dirmerzheim per Gymnich zu Vlatten Artland	—	—	146
Benden	—	—	13
Baumgarten	—	—	1½
Deüstorf per juniorem Scheiffart . Artland	—	—	138
Benden	—	—	6
Weingarten	—	—	6¼
Ehrenstein per Nesselroth zum Stein Artland	—	—	62¾
Benden	—	—	14¼
Flerzheim per Schall Artland	—	—	147
Benden	—	—	1½
Friesheim per Hoheneck Artland	—	—	157
Ergo in aequisitis	—	—	35
Benden	—	—	10
Gymnich zu Gymnich Artland	—	—	238
Benden	—	—	20
aus den Bruchen	—	—	16
Gracht per Wolf-Metternich . Artland	—	—	170
Benden	—	—	20
Erbkammerei Hemmerich per Frenz Domherrn zu Hildesheim Artland 48. Morgen nach Bachumb einschlagend.			
Kendenich per Frenz daselbst . Artland	—	—	241
Benden	—	—	8
Weingarten	—	—	5¾

Kiz=

		Morgen.
Rizburg zu Walberberg im Amt Bruel p. Wolfskehl modo Ihre Fürstl. Gn. Hr. Bischoff zu Straßburg . Artland	— —	97
Weingarten	— —	1¼
Eine Mühle		
Miehl per Quadt hat daselbst . . Artland	— —	79
Benden	— —	17½
Munchhausen per Schellart . . Artland	— —	115
Mulheim per Schall Artland	— —	150
Item Benden	— —	16
Ergo in acquisitis 19 Morgen Benden.		
Munchhausen per von der Ley zu Adendorf vigore attestati iudicialis	— —	212
In untüchtigen Hecken und Heideland	— —	28
Neßelburg per Randenrath Artland		26
— in acquisitis		14
Odenhausen per Otto Werner Walbot Herrn daselbst . Artland	— —	194½
Benden	— —	8
Puzfeld per Puzfeld hat Artland	— —	73
darunter soll einig Bauerngut sein.		
Weingarten	— —	5
Rammelshoven per Metsernich zu Mülenark hat Artland	— —	92

Von-

		Morgen.
Bongart und Benden	— —	9½
Roesberg per Jägermeistern Weir prätendirt		
Artland	— —	173
Weingarten	— —	3
Stockhausen per Nesselrath zu Ehreshoven hat		
Artland	— —	71
Benden	— —	17
Stozheim per Beissel		
Artland	— —	201
Benden	— —	6
Vettelhoven per Harf zu Drimborn . Artland	— —	73
Vettelhoven per Sinzig		
Artland	— —	73
Ergo in acquisitis	— —	31
Vylick per Blankart		
Artland	— —	120
Benden	— —	9
Weingarten	— —	3
Vischell per Gymnich Hrn. daselbst . Artland	— —	71½
Vochum per Herfel		
Artland	— —	219
Baumgarten	— —	22
Wensberg per jun. Burscheid . Artland	— —	88
Weyer per jun. Weir		
Artland	— —	72
Benden	— —	15
Weilerswist per Maltheser-Orden alias Scheiffart . . Artland	— —	294
Benden	— —	19

Im

Im Nieder-Erzstifte.

		Morgen.
Brochhausen per Bevervörden hat Artland	— —	29
Benden	— —	3
Sleckenhaus zu Glehn per Roist zu Cuchenheim hat		
Artland	— —	247½
Benden		26
Frenz per Herrn zu Frenz und Quadrath hat		
Artland	— —	197
Benden	— —	361
eine Mühle		
Fürth per Hochkirchen		
Artland	— —	174
in antiquis	— —	160
Gastendunk per Erbg. Roist Artland	— —	29
Benden	— —	8½
Gerarzhoven per Kezgen Artland	—	312
Griebswald Amts Lynn per Goldstein hat		
Artland	— —	79
Gustorf per Mirbach hat		
Artland	— —	143
Benden	— —	7
Gustorf per Virmund modo Frenz Artland	— —	117
in antiquo allein	—	60
Hüls bei Kempen hat		
Artland	— —	116¼
Hülsdunk per Wachtensdunk senior Benden	— —	42½
Kaldenhausen per Preut Artland	— —	66

M 5   Klei-

			Morgen.
Kleinenbroch Amts Lied-berg per Frenz zu Schlen-dern . . Artland	—	—	104
in antiquo libro descriptum		—	80
Langendunk p. jun. Wach-tendunk hat . Artland	—	—	50
Molzdorf per Hoeveling und Kessel . Artland	—	—	353
Benden	—	—	3½
Nersen per Virmund hat Artland	—	—	192½
Benden	—	—	33
eine Wasser- und eine Oehlmühle			
Nersen p. Porzen Artland	—	—	62
Benden	—	—	1¼
Neurburg p. Frenz Dom-Herrn zu Münster Artland	—	—	471 noch 92
Benden	—	—	12
Roth im Amt Liedberg per Stallmeister Metternich Artland	—	—	147
Roth unter Urdingen per Lohn . Artland	—	—	100
Rand per Nivenheim Artland	—	—	100
Schackum per Hall zu Busch . Artland	—	—	168¼
Schlickum per Reuschen-berg . Artland	—	—	390
Zoppenbroch per Quad Herrn daselbst Artland	—	—	60
Benden	—	—	96

III.

III.

Liste deren im oberen Erzstifte gelegener adlicher Sitzen, so zwar in perpetuum zur Halbscheid anzuschlagen, im übrigen aber ihre Prärogativ mit Landtagsbeschreibungen und sonsten behalten.

Aldenar per Hundsbroich zu Glewel.
zu Arweiler per Marsilium von Weiß.
Balle per Kanzler Buschmann.
Boulich per Müllenstrohe.
Bergerhausen per Bongart.
Bell per Pfeil.
Berkum per Hillesheim.
Blazheim per Altenbiesen.
Blittersdorf per Streithagen modo Hillensberg.
Broich per P. P. Societ. zu Münster-Eiffel.
Büstorf per Hulsmann.
Creuzberg per Quad.
Dadenberg per Metternich zu Niederberg modo Matheis Koch.
Dottendorf per Crummel.
Endenich per Weir.
Erb per Prälat von Siegburg.
Friesheim per Wimmar.
Fliessteden per Iversheim.
Giesendorf per Gail.
Glewel per Collen.

Gracht per Dommershof.
Gässenich per Claut.
in Gudesberg per Meckenheim modo Canonicum Fabritius.
Hemmerich per Geverzhagen.
Hemerzheim per Horst.
Hohen-Raderhof p. Daun modo Licent. Fabri.
Horbell per Pfeil.
Kirspenich per Werl.
Kriegshoven per Kanzler Buschmann.
Kühlsbeck per Boland.
zur Ley per Gerolt.
Lüstorf per Seelbach.
Lüftelberg per Schall modo Lumbeck.
Miel per Dunkel modo Kloster Essig.
Miel per Hezingen modo Embaven.
Meckenheim per Meckenheim modo Cap. ad Gradus B. M. V.
Metternich p. Metternich.
Metternich per Bellbrück.

Meu-

Meutingkoven per Böninghausen.
Meutinghoven per hæredes Frenz zu Mattenfeld.
Müddersheim per Hanzler.
Muffendorf per Gruithausen.
zur Mühlen per Metternich modo Wilh. Brewer.
Mülheim per Poulich.
Namedi per Hußman modo Solemacher.
Nieder-Bollheim per Hompesch.
Pruck per Gruithausen.
Rheindorf per Quad.
Rheineck per Warsberk modo Grafen zu Sinzendorf.
Ringsheim per Lombeck.

Rhondorf per Geil.
Roistorf per Wolf.
Rochhof zu Erp per Bellinghausen.
Schönenstein per Hazfeld.
Schwadorf per hæredes Schall.
Sechtem per Siegen.
Sechtem per Elstren modo Weierhoven.
Sternenburg per Heuft.
Transdorf per Eyskirchen.
Thurnhof zu Plittersdorf per Stamm.
Vettelhoven per Weiß.
Vochem per Doct. Hertmanni.
Weiler auf der Eben per Brossart.
Weiß per Bellinghausen.
Weyer der andere adeliche Siz per jun. Weix.

Im niedern Erzstifte.

Aldenhof bei Gedt per Ducker.
Anxtel per Anxtel.
Arff bei Woringen per Plittersdorf.
Bisterfeldshof per Morian.
Bollwerk per Broichhausen.
Brockel per Erbg. Holz.
Bremder-Haus in Urdingen per Winkelhausen.

Broich p. Wilich p. Offenberg.
Broich bei Wevelinghoven per Hundt.
Cloradt im Amt Oedt per Brimmen.
Dickhof per Norprath.
Dielrath per Strevestorf.
Diebrahn bei Rheinberg per Doct. Bockhorst.
Dreven bei Urdingen per Bernsau.

Dunk

Dank per Weidenforst.
Dückershof per Morian.
Elfkump im Gräflichen p. Wittib Brockels.
Eyl im Amt Rheinberk per Boland.
Fliesteden per Ittersheim.
Fliesteden per Kunink.
Guderath per Nievelstein.
Hamm per Backum.
Harbers-Hof per Clauth.
Harstuden per Erbg. Pruff.
Huckhof bei Zons per Reuschenberg.
Heideck per Raeßfeld.
Horst per Hall modo Spee.
Horst bei Liedberg p. Dorth.
Holtbürger-Haus per Abbatissain zu Neuß.
Ingenfeld per Reven.
Issum per Dorth.
Issemoir-Thurm p. Würde in Linn.
zur Kaulen per Deutsch.
Kleinenbroich p. Steprath.
Groß- und Klein Kollenburg.
Lach im Gräflichen per Lackingen.
Lothum per Bauer.
Langenhorst im Rheinberg per Peter Rhede.
Lusch per Laudorf.

Lauenburg per Lohehausen.
Lossel per Ingenhof.
Mühlfahrt per Aldenbrück.
Muyckhausen Amts Hülchradt per Kessel.
Neuenhof per Reck.
Ossenberg per Wehvort.
Pesch Amts Linn per Merode.
Rautenburg per Hemmerich.
Saar in Odenkirchen per Oversheiden.
Schrammenhof zu Bütgen im Gräflichen per Steprath.
Stege per Drost.
Steinhausen per Heister und Widenhorst.
Sollbruggen per Hell.
Schlicken per Schlickum im Schleich.
Trarhof per Commendeur Schirp.
Welburg per Harf zu Geilenkirchen.
Vorwinkeler-Hof bei Wilich per Heel.
Wagenburg per Offerde.
Widesdorf per Brassart.
Wolfskaul per Lauwick.

IV.

IV.

Liste deren gräf- und adelichen Sitzen, welche nach der A. 1669. gemachten Regul forthin in perpetuum anzuschlagen, und gleichwol ihre hergebrachte Prärogativ und Freiheit mit Landtagsbeschreibungen und sonst behalten sollen.

Gräfliche.

Alfter per Hrn. Grafen zu Salm.
Alpen per Hrn. Grafen zu Bentheim.
Lawendahl per Hrn. Wallenburg.
Wevelinghoven per Hrn. Grafen zu Bentheim.

Adeliche im Obererzstifte.

Arweiler p. Harf zu Drimborn.
Arlof per Pützfeld.
Brüggen per Zweifel zu Palmerstorf.
Büsch per Hall zum Büsch.
Callmuth per Gymnich zu Vischel.
Callmuth per Pützfeld.
Cuchenheim per Roist.
Dadenberg per Frenz zu Gustorf.
Drachenfelz per Walbott zu Godenau.
Erb p. Frenz zu Kendenich.
Fürth per Wolf-Metternich zur Gracht.
Godenaw per Walbott zu Godenaw.
Höningen per Burscheid zu Kleinen-Büllesheim.
Burglehn zu Nurburg per Beissel zu Stozheim.
Morenhoven per Schall zu Flerzheim.
Pesch per Randerath zu Nesselburg.
Saar per Blankart.
Stapfel per Stein-Kallenfelz.

Im niederen Erzstifte.

Alten-Lawenburg per Hoevelich.
Masthoven per Roisten Erben.
Odenkirchen per Frenz zu Schlendern.
Morsthoven per Haal zum Busch.

Ver-

F.

Verzeichniß der erzstiftischen Lehen.

I.
Vermischte Lehen.

Possessores.	Feuda.
Comes de Bentheim	in Alpen.
Blankart de Arweiler	per Ahr & Altenahr.
Blittersdorf	in Arft.
Gymnich & Wenz	in Altenar.
Boulich	in Adenaw.
Hausmann	per Andernacum.
Ennatten	in Antweiler.
Lymbach	in Altenweda.
Hagens	p. S. Antonii Capellam.
Preuth	in Angenhorst.
Bongart	Bergerhausen.
Quadt	Buschfeld.
Walpot	Bornheim.
Heiden	Bollheim.
Hundt	Busch.
Holtz	Trackel.
Mirbach	Bacholterhof.
Ladolf	Belmering.
Clauth	Bochum.
Breitbach	Breitbach.
Morian	Bisterfeld.
Monaster zur Weiden	Bischerhof.
Hausten	Breitscheidt.
Item Brochscheid, Binsheim, Barstmanshof	zur Blomen.
Walpot de Godenaw	Cochenheim.
Quadt	Creuzberg.

Lohe

Possessores.	Feuda.
Lohe	Conradsheim.
Ketzgin & Carthusia	Cardorf.
Ketzgin	Dirmezheim.
Weyenhorst	Donk.
Bernsau	Dreven.
Frens	Dadenberg.
Norprath	Dickhof.
Nesselrath	Ehrenstein.
Damwiz	Ergenhof.
Goldschmied	Eckenhof.
Brembt	Engershof.
Blankart	Effenberg.
	Eichhoff.
Hoebelich	Flachshof.
Metternich	Forst.
Blittersdorf & Rotkirchen	Freimersdorf.
Hochsteden	Felde.
Pforzen	Gennexerhof.
Frens & Mirbach	Gustorf.
Beissel	Gilgenbach.
Gymnich	Gymnich.
Schick	Grafschaftshof.
Clauth	Grachterhof.
Goldstein	Gripswald.
Norprath	Hahnerhof.
Dort	zur Horst.
Wachtendonk	Hulsdonk.
Offenberg	Hungerpesch.
Hanxler	Horsterhof.
Ducker	Hoverhof.
Horst	Heimerzheim.
Westrem	Harbuschhof.
Rasfeld	Heideck.
	Haushof.
Preuth	Issumerthurm.

Deuz

Possessores.	Feuda.
Deutz	zur Kouhlen.
Buschmann	Kriegshoven.
Quadt	Kolenburg.
Burscheid	Kaldenborn.
Wenz	Krumbach.
—	30. iugera in Kendenich.
Quadt	Kamperdonk.
Item Kellenheim,	Kusterhof, Korne.
Von der Forst	Lüftelberg.
Hoevelich	Lawenburg.
Lohausen	Löwenburg.
Laudolf	Leusch.
Baur	Lathum.
Munch	Lovenheim.
Gymnich	Leuchtenberg.
Quadt	Meyl.
Schall	Morenhoven.
Hanxler	Muddersheim.
Hall	Morshoven.
Ley	Munchhausen.
Reuschenberg	Mehrhof.
	Decima in Metternich & Meyrath.
Bewer	zur Muhlen.
Wenz	p. Mockenheimer-Hof.
Virmundt	zur Nerssen.
Frenz	Newerburg.
Pforz	Niersdonk.
Hæredes Goldschmied	p. domum Novesii aufm Friedhof.
Brewer	Ripgenshof prope Nurberg.
Metternich	Roede prope Liedberg.
Nivenheim	Raeth prope Kempen.
Loen	Raedt prope Urdingen.
Schlickum	in Schlickum.

N   Blit-

Possessores.	Feuda.
Blittersdorf —	Sulzhof.
Anstel — —	Shnsteden.
Hundt — —	zur Stessen.
Hell — —	Solbruggen.
D. Goldschmied —	Vogelsang.
Harf, Sinzig, Weiß —	Vettelhoven.
Bruggen — —	Wachenbroch.
Belven — —	Weiß.
Hulsken — —	Weyerbach.

II.

Mann-Lehen.

1. Die Herrschaft Bedbur.
2. Herrlichkeit Hackenbruch.
3. Hof Morick.
4. Hof Garstorf.
5. Haus Hönningen.
6. Haus und Herrschaft Obenkirchen.
7. Kenten und Quadrath.
8. Haus Brücken im Amt Aldenar.
9. Das zum Thurm bei Arweiler.
10. Haus, Herrlichkeit u. Burggrafschaft Rheineck.
11. Das Haus Newhof bei Lynn.
12. Die Herrlichkeit Erpp.
13. Haus und Backenhof in Lynn.
14. Die oberste Olbrückische Orsberkische Burg.
15.) Die zwei Steinhäuser
16.) Haus, Hof u. Lehen bei Liedberg.
17. Haus und Herrschaft Lösenich.
18. Haus Birgel.
19. Haus zu Cochenheim cum pertinentiis, damit der v. Roist belehnet.
20. Erbhofmeister-Amt.
21. Das Knoden-Lehen bei Mehlheim und im Ländlein Drachenfels gelegen.
22. Das Kreutners-Haus und Lehngut zu Zeltang.
23. Der Hof zum Hann bei Jüchen gelegen.

24. Der Blumer-Hof zu Lüttelsleen gelegen.
25. Rosperg - Weir.
26. Liblar - Metternich.
27.)
28.) Beide Lehen zu Weyer Weir.
29. Haus Dadenberg Lülsdorf.
30. Trevelsdorf - Graf v. Blankenheim.
31. Sassen-Gericht und Vogtei daselbst - Spies.
32. Haus Schönenstein Hazfeld.
33. Falkensteinisch Weinlehen zu Zeltang.
34. Manderscheidisch Weinlehen zu Zeltang.
35. Walposisch Weinlehen daselbst - Königsfeld.
36. Lehen zu Elften - Brachel.
37. Haus und Herrlichkeit zu Westerholt.
38. Zoppenbruch - Quadt.
39. Lüttinger-Hof - Nesselrath.
40. Hof Dorsfeld - Borscheidt.
41. Wolfkehlisch Lehen zu Aldenar und Nurburg.
42. Haus und Hof Crey Weisweiler.
43. Die Vogtei zu Misenheim - Hausman.
44. Das Haus Bergerhausen.
45. Die Salzmüdder-Aemter in Köln.
46. Die Fahr-Aemter in Köln.
47. Die Herrschaft Tomberg - Quadt.
48. Das Haus Leien bei Linz - Gekolt.
49. Das Haus Langendunk - Wachtendunk.
50. Das Haus Rinzheim Lombeck.
51. Das Lehen Helterberg.
52. Der Hof Lübelheim unter Liedberg - Münch.
53. Nersdun und Windhagen - Nievenheim.
54. Kämmerei Bachum oder Hemmerich - Frenz.
55. Wenigen Aldendorf.
56. Kehlzehend, Drittentheil - Clauth.
57. Alken - Weisweiler.
58. Drachenfelz.
59. Erbvogtei.
60. Helfenstein.
61. Mittelwerth.
62. Halbscheid des Hundter Lehens.
63. Sickenbeck.

Verzeichniß der Besizzer jener Güter im Erzstifte Köln, welche zum Landtage qualificiret sind.

Ihre Kurfürstl. Gnaden wegen — Odenkirchen.
Herzog zu Arenberg und Croy wegen des Thurms bei Arweiler.

Sigismund Graf zu Salm wegen — Bedbur.
Franz Graf zu Salm wegen — Alfter.
Joseph Graf zu Salm wegen — Hackenbroich.
Sigismond Graf zu Salm wegen — Epp.
Ludwig Engelbert Graf von der Mark wegen — Saffenburg.
Mauriz Casimir Graf zu Bentheim, Tecklenburg und Steinfurt wegen — Wevelinghoven.
Idem wegen — Helfenstein.
Friedrich Karl Graf zu Bentheim, Tecklenburg und Steinfurt wegen der Erbvogtei Köln.
Christian Graf zu Bentheim, Tecklenburg und Steinfurt wegen — Alpen.

Amt Andernach.

Philipp Anton Wallbot von Bassenheim zu Olbrug Erben wegen — Olbrück.
Franz Hugo Eberhard von Dalwigk wegen — des Schillingshofs in Andernach.
Des abgel. Aug. Wilh. Freihrn. von Metternich zu Wehrden und Gracht hinterlassene Erben wegen — eines Rittersizzes zu Andernach.
Prosper Reichsgraf zu Sinzendorf, Burggraf zu Rheineck ıc. wegen — Rheineck.

Karl

Karl Kaspar Grafen von der Lehen
    hinterlassene Erben wegen   Andernach.
Idem wegen   Saffig.
Kaspar Franz Edmund von Bour-
    scheid wegen   Andernach.
Des abgel. Obristkämmerern Friedr.
    Franz Fhrn. von Breitbach zu Bür-
    resheim nachgelassene Erben wegen Andernach.
Engelb. Maria Ant. Fhr. von Wrede
    zu Melschede, Domkapitular zu
    Hildesheim wegen   Mamedy.

Amt Arweiler.

Des abgel. Gener. Lieut. und Vogts
    zu Arweiler Friedr. von Wenge ꝛc.
    nachgelassene Erben wegen   Arweiler.
Abt zu Steinfeld wegen   eines Staffel-
                                       thurms zu Ar-
                                       weiler.
Joh. von Harfs zu Drimborn nachge-
    lassene Erben wegen   Vettelhoven.
Obrist-Silberkämmerer Clem. Aug.
    Fhr. von der Vorst Lombeck zu
    Gudenau wegen   Vettelhoven.
Joh. Heinr. von Sinzig zu Soenners-
    berg hinterl. Erben wegen   Vettelhoven.
Joh. Herm. Dam. von Blatten zu
    Drove wegen   eines Rittersizzes
                                       zu Arweiler.

Amt Aldenar.

Ferd. Ernst von Dalwih zu Liechtens-
    fels wegen   des Burglehns zu
                                       Aldenar.

N 3   May

Max Fhr. von Belderbusch zu Tek-
worm und Miel Pfälzischer Kämmerer wegen . . Brück.
Bertram Dietr. von Friemersdorf
gen. Püsfeld hinterlassene Erben
wegen . . Püsfeld.
Hofr. Präsid. Karl Otto Theodat Fhr.
von und zu Gymnich wegen . Vischel.
Otto Ludw. von Blankarts Erben
wegen . . Sahr.
Amalia Gräfinn von Sazenhoven
wegen . . Kreuzberg.

Amt Nurburg.

Bertram Beissel von Gymnich zu
Schmidheim wegen . des Burglehn zu
Nurburg.
Kammergerichts-Assessor Arnold Hein-
rich Joseph Cramer von Clauspruch
wegen . . Mühlen.
Doct. Joh. Daniel Fabrt Erben we-
gen . . Hohenrath.
Kasp. Franz Edmund von Bourscheid
zu Burgbroel wegen . Kaldenborn.

Amt Linz.

Des abgel. Obristkäm. Friedr. Franz
Fhr. von Breitbach zu Bürresheim
hinterl. Erben wegen . Breitbach.
Inhaber zu . . Dadenberg.
Mattheiß Metternichs Erben wegen . Dadenberg.
Des abgel. Joh. Wilh. Grafen von
Nesselrode und Reichenstein hinterl.
Erben wegen . Ehrenstein.

Konrad von Selbach gen. Quadt Vasal zu | Leyhstorf.
Ferd. Franz Stephan von Gerolt wegen | Key, bei Linz.
Des abgel. Obrist-Marschall Grafen von Hatzfeld nachgel. Erben wegen | Schönestein.
Des Graf. Joh. Wilh. von Nesselrode und Reichenstein hinterl. Erben wegen | Stockhausen.

Amt Zülpich.

Joh. Adam Heinr. von Efferen gen. Hall zum Busch Erben wegen | Busch.
Adolph von Rauth wegen | der Gracht oder Demmerhof.
Franz Brassarts nachgelassene Erben wegen | Wepler auf der Ebben.

Amt Hardt.

Wilh. von Ahr zu Antweiler wegen | Antweiler.
Karl Brewer wegen | Urlof.
Inhaber des Hauses | Broich.
Lothars Friedr. Ad., Fhr. von Bourscheid zu Büllesheim und Wensberg hinterl. Erben wegen | Wensberg.
Phil. Ant. Dam. Fhr. von Bourscheid zu Büllesheim und Wensberg hinterlassene Erben wegen | Groß-Büllesheim.
Heinr. Ludw. von Bourscheid hinterl. Erben wegen | Klein-Büllesheim.
Joh. Hilger Dahmen wegen | Calmuth.
Geheimrath Herm. Franz Liborius von Braunanz zu Selikum wegen | Cochenheim.

Karl

Karl Georg Anton Fhrn. von der
Vorst zu Lombeck und Lüftelberg
nachgel. Erben wegen   Ringsheim.
Joh. Niklas Werl Erben wegen   Kirspenich.
Hofr. Präsid. Karl Otto Theod. Fhr.
von und zu Gymnich wegen   Satzfey.
Idem wegen   Callmuth.
Bertram Beissel von Gymnich zu
Schmidheim wegen   Stotzheim.
Ober-Jägermstr. Ferd. Jos. Fhr. von
und zu Weichs, Rösberg und Weyer
wegen   Weyer.
Idem wegen   des andern adeli-
chen Sizzes zu
Weyer.
Dietrich Fhr. von Quaed zu Lands-
fron und Tumberg wegen   Thumberg.
N. Fhr. von Keverberg wegen   Cochenheim.

Amt Bonn.

Obrist-Silberkämmerer Clemens Au-
gust Fhr. von der Vorst Lombeck zu
Gudenau wegen   Berkum.
Freiherr von Belderbusch zu Miehl
wegen   Plittersdorf.
Joh. Fried. Fhr. de Cler nachgel.
Erben wegen   des Thurms zu
Plittersdorf.
Landkommissär Clemens August Fhr.
Waldbot Bassenheim zu Bornheim
wegen   Bornheim.
Idem wegen   Buschdorf.
Idem wegen   Dürstorf.
Idem wegen   Roisdorf.
Ober-Silberkämmerer Clemens Aug.
Fhr.

Fhr. von der Vorst Lombeck zu
  Gudenau wegen   Drachenfels.
Franz Wilh. Selner wegen   Dottendorf.
Kanonich Eberhart de Grote wegen Dransdorf.
N. Fhr. von Belderbusch wegen. Düsdorf.
Herman Arnold Fhr. von Wachten-
  donk wegen   Friesdorf.
Geheimrath Jos. Clein Lupp nachgel.
  Erben wegen   Endenich.
Max Heinr. Schall von Belk nachgel.
  Erben wegen   Flerzheim.
N. von Gruithausen wegen   Muffendorf.
Zacheus Zerres wegen   Müttinghoven.
Meisterinn und Conventualinnen des
  Klosters Rolandswerth wegen Nesselburg.
Ober-Silberkämmerer Clem. August
  Fhr. von der Vorst Lombeck zu
  Gudenau wegen   Odenhausen.
Idem wegen   Gudenau.
Hofrathspräsident Carl Otto Theodat
  Fhr. von und zu Ghmnich wegen Schwarz-Rhein-
                            dorf.
Dan. Franz Hebbesturms Erben
  wegen   Gudesberg.
Pfälzischer Kämmerer Max Fhr. von
  Belderbusch zu Terworm und Ber-
  tolshoven wegen   Heimerzheim.
Obrist-Kämmerer Jos. Clem. Fhr. von
  der Vorst zu Lombeck und Lüftelberg
  wegen   Lüftelberg.
Hamprecht von Severzhagen wegen Heimerzheim bei
                            Cadorf.
Joh. Friedr. Fhrn. de Cler nachgel.
  Erben wegen   Meckenheim.
Kämmerer Friedr. Rudolph Fhr. von
  Boenen wegen   Müttinghoven.

Des abgel. Hofr. Franz Steph. Embaven nachgel. Erben wegen	des Köckelguts zu Miehl.
Max Heinr. Schall von Bell nachgel. Erben wegen	Morenhoven.
Joh. Laur. Fhr. von Schiller zu Martenau hinterl. Erben wegen	Muggenhausen.
Des abgel. Franz Steph. Embaven nachgel. Erben wegen	Miehl.
Meisterinn und Conventualinnen des Klosters Eßig als Inhaberinnen des Kockelguts zu	Miehl.
Joh. Friedr. von Metternich zu Müllenark wegen	Rommelshoven.
Ferd. Franz Stephan von Gerolt wegen	Sterneburg.
Abtißinn Caroline Gräfinn von Satzenhoven wegen	Vnlich.
Karl Kasp. Grafen von der Leyen nachgelassene Erben wegen	Münchhausen.
Kämmerer Anton Fhr. von Belderbusch wegen	Balle.
Pfälzischer Kämmerer Max Fhr. von Belderbusch wegen	Miehl.
N. Fhr. von Belderbusch wegen	des Thurmhofes zu Friesdorf.

Amt Lechenich.

Des Hofr. Drachsdorf hinterlassene Erben wegen	Altenrath bei Glewel.
Otto Werner von Bungart Erben wegen	Bergerhausen.
Idem wegen	der Burg zu Bergerhausen.

Ber-

Bertram Scheiffard von Merode wegen	Bergerhausen.
Staatsminister Fhr. von Belderbusch Land-Kommendeur zu Altenbiesen wegen	Blatzheim.
Domherr zu Halberstadt Joh. Hugo Franz Karl von und zu Leerode wegen	Nieder-Bolheim.
Heinr. von Olmissen gen. Mülstroch wegen	Boulich.
Joh. Wilh. Karl. Fhr. von Zweiffel wegen	Brüggen.
Joh. Werner Fhrn. von Quadt zu Buschfeld Erben wegen	Buschfeld.
Degenhart Bertram von Lohe zu Wissen wegen	Conradsheim.
Abt des Gotteshauses Altenberg wegen	Dirmertheim.
Abt des Gotteshauses Siegburg wegen	Erp.
Franz Hugo Edmund Fhr. Beissel von Gymnich zu und wegen	Frens.
Franz Hieronim. von Weymar wegen	Friesheim.
Des abgel. weltl. Hofgerichtspräsidenten Thomas von Quentel nachgel. Erben wegen	Friesheim.
Hofraths Präsident Karl Otto Theod. Fhr. von und zu Gymnich wegen	Gymnich.
General-Einnehmer Fhr. von Geyr zu Schweppenburg wegen	Müddersheim.
Otto Degenhart Schall von Bell wegen	Mülheim.
Phil. Wilh. von Boulich wegen	Mülheim.
Joh. Wilh. von der Judden Erben wegen	Friesheim.

Des

Des abgel. Hofr. Franz
   baven nachgel.

Max Heinr.   Gracht.
   Erben weg
Joh. Laur. F   Rockhof zu Erp.
   tenau
Des abgel.   Karl
   nachgel   nachgel.
Meisterin   des Scherfgens-
   Kloste   gut zu Erp,
   des   nunmehr Zwei-
Joh   felshof.
   le
Fer

                Amt Brüel.

     Scharfenberg gen. Pfeil
                                              Bell.
     b. Karl Otto Theod. Fhr.
     und zu Gymnich wegen   Cleburg.
Des abgel. Vice-Hofr. Präsid. Franz
   Jos. Wolf Metternich zur Gracht
   hinterl. Erben wegen   Fischenich.
Des N. Geil Erben wegen   Giesendorf.
Domkapitel zu Köln wegen   Gleuel.
Idem wegen   Hornbell.
Ferdinand Renking Erben wegen   Hemmerich.
Franz von Quentel wegen   Kitzburg zu Wal-
                                                 berberg.
Joh. von Mammet gen. Boland Er-
   ben wegen   Kulseck.
Ferd. Jos. Benwehg wegen   Krieshoven.
Max Heinr. von Schönheim Erben
   wegen   Metternich.
Domkapitular zu Trier Joh. Sigism.
   Fhr. von Quaed wegen   Lündorf.
Kasp. Franken von Sierstorf wegen Vellbrück zu Met-
                                                 ternich.
                                                   Des

Des von Quad zu Rheindorf Erben
wegen . . Rheindorf.
Oberjägermstr. Ferd. Jos. Fhr. von
und zu Weichs wegen . Roeßberg.
Joh. Wilh. Schall von Bell wegen . Schwadorf.
Des von Weichs zu Röndorf Erben
wegen . . Röndorf.
Bonifaz von Siegen wegen . Sechten.
Inhaber des Hauses zu . Sechten.
Des abgel. Kämmerer und Amtmann
zu Zülpich von Hersel zu Bochum
nachgel. Erben wegen . Bochum.
Inhaber zu . . Keldenich.
Joh. Reinhard von Lützerath zum
Vorst Erben wegen . Vorst.
Joh. Friedr. von Lützerode zu Rath
wegen . . Weilerswist.
Joh. Bellinghausen wegen . Weiß.
Agatha Wittwe de Groot wegen . Widersdorf.
Michael Hartmanni Erben wegen . Bochum.
Jakob de Groot wegen . Kendenich.
Münsterscher Gen. Lieut. N. Fhr. von
Stael zu Stutthausen, als Inhaber
des Saalweider oder Drenker Hofs
zu . . . Sechten.

Amt Zulchrath.

Wirich Wilh. von Hund zum Hund
wegen . . Busch.
Martin Heinr. Strevesdorfs Erben
wegen . . Dielrath.
Des abgel. Geh. Raths Jos. Clem.
Lapp hinterl. Erben wegen . Elffen.
Kämmerer Ludw. Joh. Wilh. von Kal-
kum gen. Lohausen wegen . Glehn.

Dom-

Verzeichniß der Besizzer jener Güter im Erzstifte Köln, welche zum Landtage qualificiret sind.

Ihre Kurfürstl. Gnaden wegen	Odenkirchen.
Herzog zu Arenberg und Croy wegen	des Thurms bei Arweiler.
Sigismund Graf zu Salm wegen	Bedbur.
Franz Graf zu Salm wegen	Alfter.
Joseph Graf zu Salm wegen	Hackenbroich.
Sigismond Graf zu Salm wegen	Epp.
Ludwig Engelbert Graf van der Mark wegen	Saffenburg.
Mauriz Casimir Graf zu Bentheim, Tecklenburg und Steinfurt wegen	Wevelinghoven.
Idem wegen	Helfenstein.
Friedrich Karl Graf zu Bentheim, Tecklenburg und Steinfurt wegen	der Erbvogtei Köln.
Christian Graf zu Bentheim, Tecklenburg und Steinfurt wegen	Alpen.

Amt Andernach.

Philipp Anton Wallbot von Bassenheim zu Olbrug Erben wegen	Olbrück.
Franz Hugo Everhard von Dalwigk wegen	des Schillingshofs in Andernach.
Des abgel. Aug. Wilh. Freihrn. von Metternich zu Wehrden und Gracht hinterlassene Erben wegen	eines Rittersizzes zu Andernach.
Prosper Reichsgraf zu Sinzendorf, Burggraf zu Rheineck ꝛc. wegen	Rheineck.

Karl

Karl Kaspar Grafen von der Lehen
  hinterlassene Erben wegen . . Andernach.
Idem wegen . . . . . Saffig.
Kaspar Franz Edmund von Bour-
  scheid wegen . . . . Andernach.
Des abgel. Obristkämmerern Friedr.
  Franz Fhrn. von Breitbach zu Bü-
  resheim nachgelassene Erben wegen Andernach.
Engelb. Maria Ant. Fhr. von Wrede
  zu Melschede, Domkapitular zu
  Hildesheim wegen . . . Namedy.

Amt Arweiler.

Des abgel. Gener. Lieut. und Vogts
  zu Arweiler Friedr. von Wenge, ꝛc.
  nachgelassene Erben wegen . Arweiler.
Abt zu Steinfeld wegen . . . eines Staffel-
                                thurms zu Ar-
                                weiler.
Joh. von Harfs zu Drimborn nachge-
  lassene Erben wegen . . Vettelhoven.
Obrist-Silberkämmerer Clem. Aug.
  Fhr. von der Vorst Lombeck zu
  Gudenau wegen . . . Vettelhoven.
Joh. Heinr. von Sinzig zu Soenners-
  berg hinterl. Erben wegen . Vettelhoven.
Joh. Herm. Dam. von Blatten zu
  Drove wegen . . . eines Rittersitzes
                                zu Arweiler.

Amt Aldenar.

Ferd. Ernst von Daltwig zu Liechten-
  fels wegen . . . des Burglehns zu
                                Aldenar.

Max Fhr. von Belderbusch zu Tet-
 worm und Miel Pfälzischer Kämmerer wegen . . Brück.
Bertram Dietr. von Friemersdorf
 gen. Pützfeld hinterlassene Erben
 wegen . . Pützfeld.
Hofr. Präsid. Karl Otto Theodat Fhr.
 von und zu Gymnich wegen . Bischel.
Otto Ludw. von Blankarts Erben
 wegen . . Sahr.
Amalia Gräfinn von Satzenhofen
 wegen . . Kreuzberg.

Amt Nurburg.

Bertram Beissel von Gymnich zu
 Schmidheim wegen . des Burglehn zu
 . . Nurburg.
Kammergerichts-Assessor Arnold Hein-
 rich Joseph Cramer von Clauspruch
 wegen . . Mühlen.
Doct. Joh. Daniel Fabri Erben we-
 gen . . Hohenrath.
Kasp. Franz Edmund von Gourscheid
 zu Burgbroel wegen . Kaldenborn.

Amt Linz.

Des abgel. Obristkäm. Friedr. Franz
 Fhr. von Breitbach zu Bürresheim
 hinterl. Erben wegen . Breitbach.
Inhaber zu . Dadenberg.
Mattheiß Metternichs Erben wegen = Dadenberg.
Des abgel. Joh. Wilh. Grafen von
 Nesselrode und Reichenstein hinterl.
 Erben wegen . . Ehrenstein.

Kon-

Konrad von Selbach gen. Quadt Vasal zu . . . Leyhstorf.
Ferd. Franz Stephan von Gerolt wegen . . . Key bei Linz.
Des abgel. Obrist-Marschall Grafen von Hatzfeld nachgel. Erben wegen Schönestein.
Des Graf. Joh. Wilh. von Nesselrode und Reichenstein hinterl. Erben wegen . . . Stockhausen.

Amt Zülpich.

Joh. Adam Heinr. von Efferen gen. Hall zum Busch, Erben wegen . Busch.
Adolph von Rauth wegen . der Gracht oder Demmerhof.
Franz Brassarts nachgelassene Erben wegen . . . Weyler auf der Ebben.

Amt Hardt.

Wilh. von Ahr zu Antweiler wegen . Antweiler.
Karl Brewer wegen . . Arlof.
Inhaber des Hauses . . Broich.
Lothars Friedr. Ad. Fhr. von Bourscheid zu Büllesheim und Wensberg hinterl. Erben wegen . Wensberg.
Phil. Ant. Dam. Fhr. von Bourscheid zu Büllesheim und Wensberg hinterlassene Erben wegen . Groß-Büllesheim.
Heinr. Ludw. von Bourscheid hinterl. Erben wegen . . Klein-Büllesheim.
Joh. Hilger Dahmen wegen . Calmuth.
Geheimrath Herm. Franz Liborius von Braumann zu Selikum wegen Cochenheim.

Karl Georg Anton Fhrn. von der
 Vorst zu Lombeck und Lüftelberg
 nachgel. Erben wegen   Ringsheim.
Joh. Niklas Werl Erben wegen   Kirspenich.
Hofr. Präsid. Karl Otto Theod. Fhr.
 von und zu Gymnich wegen   Satzfey.
Idem wegen   Callmuth.
Bertram Beissel von Gymnich zu
 Schmidheim wegen   Stotzheim.
Ober-Jägermstr. Ferd. Jos. Fhr. von
 und zu Weichs, Rösberg und Weyer
 wegen   Weyer.
Idem wegen   des andern abek-
                                chen Sitzes zu
                                Weyer.
Dietrich Fhr. von Quaed zu Lands-
 kron und Tumberg wegen   Thumberg.
N. Fhr. von Keverberg wegen   Cochenheim.

Amt Bonn.

Obrist-Silberkämmerer Clemens Au-
 gust Fhr. von der Vorst Lombeck zu
 Gudenau wegen   Berkum.
Freuherr von Belderbusch zu Niehl
 wegen   Plittersdorf.
Joh. Friedr. Fhr. de Cler nachgel.
 Erben wegen   des Thurms zu
                                Plittersdorf.
Landkommissär Clemens August Fhr.
 Waßhof Bassenheim zu Bornheim
 wegen   Bornheim.
Idem wegen   Buschdorf.
Idem wegen   Dirstorf.
Idem wegen   Rvistorf.
Ober-Silberkämmerer Clemens Aug.
                                                Fhr.

Fhr. von der Vorst Lombeck zu Gudenau wegen	Drachenfels.
Franz Wilh. Selner wegen	Dottendorf.
Kanonich Everhart de Grote wegen	Dransdorf.
N. Fhr. von Belderbusch wegen	Düsdorf.
Herman Arnold Fhr. von Wachtenbonk wegen	Friesdorf.
Geheimrath Jos. Clem. Lapp nachgel. Erben wegen	Endenich.
Max Heinr. Schall von Bell nachgel. Erben wegen	Flerzheim.
N. von Gruithausen wegen	Massendorf.
Zacheus Zerres wegen	Müttinghoven.
Meisterinn und Conventualinnen des Klosters Rolandswerth wegen	Nesselburg.
Ober-Silberkämmerer Clem. August Fhr. von der Vorst Lombeck zu Gudenau wegen	Odenhausen.
Idem wegen	Gudenau.
Hofrathspräsident Carl Otto Theodat Fhr. von und zu Gymnich wegen	Schwarz-Rheindorf.
Dan. Franz Hebbesturms Erben wegen	Gudesberg.
Pfälzischer Kämmerer Max Fhr. von Belderbusch zu Terworm und Bertolshoven wegen	Heimerzheim.
Obrist-Kämmerer Jos. Clem. Fhr. von der Vorst zu Lombeck und Lüftelberg wegen	Lüftelberg.
Hamprecht von Severzhagen wegen	Heimerzheim bei Cadorf.
Joh. Friedr. Fhrn. de Cler nachgel. Erben wegen	Meckenheim.
Kämmerer Friedr. Rudolph Fhr. von Boenen wegen	Müttinghoven.

Des abgel. Hofr. Franz Steph. Embaven nachgel. Erben wegen	des Köckelguts zu Miehl.
Max Heinr. Schall von Bell nachgel. Erben wegen	Morenhoven.
Joh. Laur. Fhr. von Schiller zu Martenau hinterl. Erben wegen	Muggenhausen.
Des abgel. Franz Steph. Embaven nachgel. Erben wegen	Miehl.
Meisterinn und Conventualinnen des Klosters Eßig als Inhaberinnen des Lockelguts zu	Miehl.
Joh. Friedr. von Metternich zu Müllenark wegen	Rommelshoven.
Ferd. Franz Stephan von Gerolt wegen	Sterneburg.
Abtißinn Caroline Gräfinn von Sazenhoven wegen	Bylich.
Karl Kasp. Grafen von der Leyen nachgelassene Erben wegen	Münchhausen.
Kämmerer Anton Fhr. von Belderbusch wegen	Balle.
Pfälzischer Kämmerer Max Fhr. von Belderbusch wegen	Miehl.
N. Fhr. von Belderbusch wegen	des Thurmhofs zu Friesdorf.

Amt Lechenich.

Des Hafr. Draensdorf hinterlassene Erben wegen	Altenrath bei Glewel.
Otto Werner von Bungart Erben wegen	Bergerhausen.
Idem wegen	der Burg zu Bergerhausen.

Ber-

Bertram Scheiffard von Merode
  wegen . . . Bergerhausen.
Staatsminister Fhr. von Belderbusch
  Land-Kommendeur zu Altenbiesen
  wegen . . . Blatheim.
Domherr zu Halberstadt Joh: Hugo
  Franz Karl von und zu Leerode
  wegen . . . Nieder-Bolheim.
Heinr. von Olmissen gen. Mulstroch
  wegen . . . Boulich.
Joh. Wilh. Karl. Fhr. von Zweiffel
  wegen . . . Brüggen.
Joh. Werner Fhrn, von Quadt zu
  Buschfeld Erben wegen . . . Buschfeld.
Degenhart Bertram von Lohe zu
  Wissen wegen . . . Conradsheim.
Abt des Gotteshauses Altenberg we-
  gen . . . Dirmersheim.
Abt des Gotteshauses Siegburg we-
  gen . . . Erp.
Franz Hugo Edmund Fhr. Beissel von
  Gymnich zu und wegen . . . Frens.
Franz Hieronim. von Weymar wegen Friesheim.
Des abgel. weltl. Hofgerichtspräsiden-
  ten Thomas von Quentel nachgel.
  Erben wegen . . . Friesheim.
Hofraths Präsident Karl Otto Theod.
  Fhr. von und zu Gymnich wegen . Gymnich.
General-Einnehmer, Fhr. von Geyr
  zu Schweppenburg wegen . . Müddersheim.
Otto Degenhart Schall von Bell we-
  gen . . . Mülheim.
Phil. Wilh. von Boulich wegen . Mülheim.
Joh. Wilh. von der Jüdden Erben
  wegen . . . Friesheim.

Des

Des abgel. Vice-Hofraths-Präsidenten Franz Jos. Grafen Wolf Metternich zur Gracht nachgel. Erben wegen — Gracht.
Joh. Theod. Anton Engelberg wegen des — Rockhof zu Erp.
Des abgel. Obrist-Marschalls Karl Ferd. Grafen von Hatzfeld nachgel. Erben wegen — des Scherfgensgut zu Erp, nunmehr Zweifelshof.

Amt Brüel.

Constantin Scharfenberg gen. Pfeil wegen — Bell.
Hofr. Präsid. Karl Otto Theod. Fhr. von und zu Gymnich wegen — Cleburg.
Des abgel. Vice-Hofr. Präsid. Franz Jos. Wolf Metternich zur Gracht hinterl. Erben wegen — Flschenich.
Des N. Geil Erben wegen — Giesendorf.
Domkapitel zu Köln wegen — Gleuel.
Idem wegen — Hornbell.
Ferdinand Rensing Erben wegen — Hemmerich.
Franz von Quentel wegen — Kitzburg zu Walberberg.
Joh. von Mammet gen. Boland Erben wegen — Külseck.
Ferd. Jos. Beywehg wegen — Krieshoven.
Max Heinr. von Schönheim Erben wegen — Metternich.
Domkapitular zu Trier Joh. Sigism. Fhr. von Quaed wegen — Lundorf.
Kasp. Franken von Sierstorf wegen — Vellbrück zu Metternich.

Des

Des von Quab zu Rheindorf Erben
 wegen . . . Rheindorf.
Oberjägermstr. Ferd. Jos. Fhr. von
 und zu Weichs wegen . Roesberg.
Joh. Wilh. Schall von Bell wegen Schwadorf.
Des von Weichs zu Röndorf Erben
 wegen . . Röndorf.
Bonifaz von Siegen wegen . Sechten.
Inhaber des Hauses zu . Sechten.
Des abgel. Kämmerer und Amtmann
 zu Zülpich von Hersel zu Bochum
 nachgel. Erben wegen . Bochum.
Inhaber zu . . . Keldenich.
Joh. Reinhard von Lützerath zum
 Vorst Erben wegen . Vorst.
Joh. Friedr. von Lützerode zu Rath
 wegen . . Weilerswist.
Joh. Bellinghausen wegen . Weiß.
Agatha Wittwe de Groot wegen . Widersdorf.
Michael Hartmanni Erben wegen . Bochum.
Jakob de Groot wegen . Kendenich.
Münsterscher Gen. Lieut. N. Fhr. von
 Skael zu Stutthausen, als Inhaber
 des Saalweider oder Drenker Hofs
 zu . . . Sechten.

Amt Gulchrath.

Wirich Wilh. von Hund zum Hund
 wegen . . Busch.
Martin Heinr. Strevesdorfs Erben
 wegen . . Dielrath.
Des abgel. Geh. Raths Jos. Clem.
 Lapp hinterl. Erben wegen . Elffen.
Kämmerer Ludw. Joh. Wilh. von Kal-
 kum gen. Lohausen wegen . Glehn.

Dom-

Domkapitel zu Köln wegen . Heckhof.
Phil. Sigism. Fhr. von Wrede zum
   Lohe Erben wegen . Arft.
Joh. Adolph von Siegerhoven, gen.
   Anxtel wegen . . Anxtel.
N. Proffs Erben wegen . . Hofen.
Jakob von Loquenheim zum Lach
   wegen . . Lach.
N. von Steprath zum Kleinenbroich
   wegen . . Kleinenbroich.
Hofkammerrath Bernard Adrian Pang
   zum und wegen . . Leusch.
Geh. Rath Ferd. Heinr. Fhr. von
   Cortenbach nachgel. Erben wegen Mölsdorf.
Mainzischer Hofr. und Kämmerer
   Karl Franz Fhr. von Forstmeister
   zu Gelnhausen wegen . Neuerburg.
Bernh. Everh. von Büllenberg gen.
   Kessel zu Hackhausen wegen . Muckhausen.
Landrentmstr. Herm. Franz Libor.
   von Braumann zu und wegen . Sillikum.
Werner Friedr. von Vellbrück zu Drei-
   born wegen . . Velbrück.
Conr. Dietr. von Bourscheid wegen Hönningen.

Amt Bedbur.

Wessel Wirich von Bodelswing zu Gerreshoven wegen . . Gerreshoven.
Joh. Werner von Gras wegen . Fliesteden.
Kämmerer Anton von Belderbusch
   wegen . . Fliesteden.

Amt Liedberg.

Anton von Holz wegen . . Brackel.
   Wilh. von Steprath wegen . Bütgen.

                              Adolph

Adolph Fhr. von Hochkirchen Erben
   wegen   Fürth.
Godfr. Bettr. Herrestorf Erben we-
   gen   Gudcrath.
Godfr. Adolph von Mirbach zu Gu-
   storf wegen   des Schillingsgut
                                   zu Gustorf.
Joh. Andr. Adolph von Dorth zur
   Horst wegen   Horst.
Des abgel. Generaleinnehmer Ru-
   dolph Adolph von Geyr zu Schwep-
   penburg und Müddersheim nachgel.
   Erben wegen   Ingenfeld.
Abt zu Knechtsteden wegen   Koulen.
Hieron. Keiz von Frens zu Kleinen-
   broich wegen   Kleinenbroich.
Fhrn. von Frens Erben wegen   Alten Lawen-
                                   burg.
Wilh. von Aldenbrück wegen   Müllfahrt.
Franz Jos. Herrestorf wegen   Lauenburg.
Des abgel. Grafen von Virmont zu
   Nerßen und Anrath nachgel. Erben
   wegen   Nerßen.
Des abgel. Vice-Hofr. Präs. Franz
   Jos. Graf Wolf Metternich zur
   Gracht nachgel Erben wegen   Rath.
Dieterich von Fürth zu Sahr wegen Sahr.
Obrist Jos. Graf von Salm zur Dick
   wegen   Gustorf.
Wilh. Hauberath Erben wegen   Steinhausen.
Landkommendeur der Ballei Koblenz
   Jobst Mauriz von Droste wegen Gustorf.
Heinr. Albrecht von und zu Schlickum
   wegen   Schlickum.
Des abgel. Grafen von Virmont zu
   Nerßen und Anrath hinterl. Erben
   wegen   Zoppenbroich.

                                         Amt

Amt Lynn und Urdingen.

Joh. Wilh. von Goldstein wegen	Gripswald.
Franz Friedr. von Norprath wegen	Dickhof.
Franz Heinr. von Backum wegen	Hamm.
Reinard von Prund zu Kaldenhaen wegen	Ismarthurn.
Idem wegen	Kaldenhausen.
Wilh. Jos. von Hertmanni wegen	Groß-Kollenburg
Des abgel. Grafen von Virmont 2c. nachgel. Erben wegen	Dorhof oder Klein-Kollenburg.
Franz von Baur, wegen	Lathum.
Inhaber des Hauses	Dreckem.
Des abgel. Geh. Raths Ferd. Heinr. von Cortenbach nachgel. Erben wegen	Schackum.
Des abgel. Kämmerers Joh. Wernh. von Loen zu Rath nachgel. Erben wegen	Rath.
N. von Winkelhausen wegen	des Bremberhofs zu Urdingen.
Joh. Wilh. von der Hollen wegen	Sollbrücken.
Obriststallmeister und Commendeur zu Muffendorf Karl Franz von Forstmeister zu Gelnhausen wegen	Trarhof.
Matthias Gerh. Fhr. von Hoesch wegen	Pesch.
Hofkammerrath Joh. Godfr. von Mastiaux wegen	Neuhoven.

Amt Kempen.

Heinr. von Ossenberg Erben wegen	Broich.
Walter von Broichhausen zum Bollwerk wegen	Bollwerk.

Joh.

Joh. Sibert von Weyenhorst zur Dunk
  wegen   Dunk.
Des abgel. Grafen von Virmont ꝛc.
  nachgel Erben wegen   Brochhausen.
Phil. Karl von Hochsteden wegen   Felde.
Inhaber des Hauses und Herrlichkeit Hülß.
Adam Heinr. von Efferen gen. Hall
  Erben wegen   Horst.
Jakob Gehnen wegen   Masthoven.
Friedr. Roiß von Wers Erben wegen Gastendunk.
Karl von Efferen gen. Hall wegen   Morshoven.
Pfälzischer Gen: Lieut. Wilh. Graf
  von Efferen wegen   Nersdunk.
Ferd. von Aschenbroich wegen   Bisterfeldshof.
Franz Ignaz von Büllingen wegen Rath.
Matth. Gerh. Fhr. von Hoesch wegen Rautenberg.
Tobias Uwer wegen   eines Spließes auf
                                      der Dunk.
Christian Hoff nachgel. Erben wegen Steinfundern.

Amt Oedt.

Des abgel. Geh. Raths von Merle
  nachgel. Erben wegen   Altenhof.
Ambros. Franz Graf von Spee we-
  gen   Clenrath.
Gerh. von Morians Erben wegen   Dückerhof.
Inhaber des Hauses   Hulsdunk.

Amt Rheinberk.

Joh. Arn. von Bockforst Erben wegen   Dieprahm.
Friedr. Heinr. Melchior von Erde
  wegen   Eyll.

N. von Raeßfeld wegen . . Heidecken.
Joh. Adr. Adolph von Dorth zur
    Horst wegen . . Glind.
Wernh. von Dorth zu Issem wegen Issum.
Adolph Bertr. von Wachtendunk Er-
    ben wegen . . . Langendunk.
Erbvogt zu Offenburg Kasp. Ant. von
    der Ruhr wegen . . Offenburg.
Joh. Heinr. von Droste zur Stege
    wegen . . . Stege.
Joh. von Afferden zur Wagenburg
    wegen . . . Wagenburg.
Franz Karl von Büllingen wegen . Langenhorst.

Städte.

Andernach — Arweiler — Bonn — Bruel —
Kempen — Lechenich — Lynn — Linz — Mecken-
heim — Neuß — Rheinbach — Rheinberk — Rhees
— Unkel — Urdingen — Zülpich — Zons.

Specification deren im Vest Recklinghausen, so
    zum Landtag beschrieben werden.

Wilh. Ludolph von Bosnen wegen = Berg.
Des abgel. Gen. Lieut. von Wenge
    zur Becke hinterl. Erben wegen . Becke.
Joh. Dieth. von und zu Brabeck
    wegen . . . Brabeck.
Ferd. von Groll zu Cloesteren wegen Cloesteren.
Vincent von und zum Glart wegen Glart.
Moriz Adolph Fhr. von Brembd zu
    Fündern wegen . . Fünderen.

Mün-

Münsterscher Gen. Lieut. Friedr. Christian von Elverfeld ꝛc. wegen   Gutacker.
Franz Bertram von und zu Hamm wegen   Hamm.
Vestischen Statthalter und Oberjägermeister Clemens August Graf von Merveld zum Hamm Erben wegen   Hamm.
Johann Dieth. von Graff zu Haßelt wegen   Haßelt.
Adolph Arnold Robert von Gisenberg wegen   Heinrichenburg.
Des abgelebten Geh. Raths und Vestischen Statthalters Johann Wilhelm Graf von Nesselrode ꝛc. Erben wegen   Herten.
Christian Franz Dieth. Freiherrn von Fürstenberg hinterlassene Erben wegen   Horst.
N. Graf von Limburg Styrum wegen   Knippenburg.
Bernh. Dieth. von Oberlacken zu Leithe wegen   Leithe.
Kämmerer und Hauptmann Franz von Weydenbruck wegen   Lohe.
Herman Adolph Freiherr von Quaed zu Loringhof wegen   Loringhof.
Osnabrückischer Domherr Christoph von Gysenberg wegen   Knyenhorst.
Clem. Aug. von Twickel zu Lütgerhof wegen   Lütgerhof.
Commendeur Gottgab Matth. von Gelder wegen   Mahlenburg.
Domherr zu Paderborn Franz Bernhard Heinrich Anton von Vittinghoven genannt Schell zu Oberfelding wegen   Oberfelding.

Kämmerer Dieth. Joh. Franz Reck
  wegen   Ulenbrock.
Jobst Edmund von Brabeck wegen Vogelsang.
Wilh. Heinr. Freiherr von Quaed
  zur Landskron wegen   Sorling.
Kämmerer Joseph Clemens August
  Freiherr von Westerholt genannt
  von Gysenberg und Nüttinghoven
  wegen   Westerholt.
Arnold Joh. von Vittinghof genannt
  Schell wegen   Wittringen.

Städte.

Recklinghausen — Dörsten.

www.ingramcontent.com/pod-product-compliance
Lightning Source LLC
Chambersburg PA
CBHW021812230426
43669CB00008B/724